광대 달문

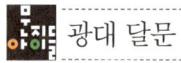 광대 달문

지은이 김영주 | 그린이 홍선주 | 펴낸이 우찬제 이광호 | 펴낸곳 문학과지성사 | 초판 1쇄 발행 2015년 2월 27일 | 6쇄 발행 2017년 4월 25일 | 등록번호 제1993-000098호 | 주소 04034 서울 마포구 잔다리로 7길 18(서교동 377-20) | 전화 02)338-7224 팩스 02)323-4180(편집), 02)338-7221(영업) | 홈페이지 www.moonji.com | 전자메일 moonji@moonji.com

ⓒ김영주. 홍선주 2015. Printed in Seoul, Korea.
이 책의 판권은 지은이와 (주)문학과지성사에 있습니다.
양측의 서면 동의 없는 무단 전재 및 복제를 금합니다.

ISBN 978-89-320-2721-0 73810

편집 문지현 | 디자인 이경진

이 도서의 국립중앙도서관 출판예정도서목록(CIP)은 서지정보유통지원시스템 홈페이지(http://seoji.nl.go.kr)와 국가자료공동목록시스템(http://www.nl.go.kr/kolisnet)에서 이용하실 수 있습니다.
(CIP제어번호: CIP2015005301)

제조국명 대한민국 | 사용 연령 12세 이상
KC마크는 이 제품이 공통안전기준에 적합하였음을 의미합니다.
책 모서리에 부딪히거나 종이에 베이지 않도록 주의해 주세요.

광대 달문

김영주 지음 | 홍선주 그림

문학과지성사
2015

차례

달문이 보고 싶구나? 7

 거지 왕초 달문, 쫓겨나다 19

달문이라면야! 33

 어사 박문수와 마주 앉다 45

이제 슬슬 떠나 볼까나? 71

 조선통신사 사절단을 만나다 91

대역 죄인은 오라를 받아라! 113

 광대 달문을 함경도 땅으로 유배토록 하라 147

역시 달문이로구나! 167

 여기도 달문, 저기도 달문이로세 189

작가의 말 201

달문이 보고 싶구나?

숙종이 나라를 다스리던 시절이었다.
햇볕 쨍쨍한 어느 오후, 운종가 한복판이 시끌벅적했다.
"얼씨구씨구 들어간다!"
"절씨구씨구 들어간다!"
"작년에 왔던 각설이가 죽지도 않고 또 왔네."
"어~얼씨구씨구 들아간다! 저~얼씨구씨구 들어간다!"
떼 지어 몰려선 거지 패들이 앞서거니 뒤서거니 목청을 높였다. 바가지를 두드리며 어깨춤을 추는 모습이 흥겨워 보였다.
"얼씨구씨구 들어간다! 절씨구씨구 들어간다!"
어느새 모여든 구경꾼들도 각설이 타령에 맞춰 어깨를 들썩거렸다. 무릎 박수를 쳐 대는 이들도 여럿이었다.

"저기, 저 녀석이 이달문이겠지?"

비단옷 차림의 도령 하나가 패거리들 틈에 낀 달문을 가리켰다.

"어디? 어디?"

옆에 있던 도령들도 호기심 가득한 표정을 감추지 못했다.

경복궁과 육조 거리로 이어진 운종가 거리는 비단을 비롯한 여러 종류의 옷감 가게와 종이 가게, 해산물 가게들이 즐비하게 늘어서 있었다. 달문은 사람들이 구름처럼 몰려든다 하여 이름 붙여진 이곳 가게들을 돌아다니며 밥 동냥을 하는 거지다. 유별난 외모 탓에 사람들 입에 오르내리기 일쑤였다.

"저어기, 입이 유독 큰 녀석 보이지? 얼마나 큰지 주먹 두 개가 들락날락할 정도라잖아."

한쪽으로 삐뚤어진 입이 어찌나 큰지 얼굴의 반이 입인 것 같았다. 째진 눈도 가관이었다. 눈자위가 잔뜩 짓무른 데다 눈곱까지 덕지덕지 끼어 있었다. 길게 땋아 내린 머리 또한 엉망으로 헝클어진 것이 똥닭개 지푸라기가 따로 없었다.

"소문대로 정말 흉측하게도 생겼네."

"저리 추악한 외모에 천하디천한 거지가 안평대군의 후손

이라니. 이런 걸 개도 물어 가지 않을 헛소문이라는 거 아니겠어?"

"그렇지?"

도령들은 제가 들은 소문을 들먹여 가며 달문에게로 향한 시선을 거둘 줄을 몰랐다.

달문이 하루 치 동냥을 마친 어느 날이었다.

"우이씨, 달문이 네 형이지?"

해산물 가게 저만치, 더벅머리 사내아이의 고함 소리가 들렸다. 더벅머리와 마주 선 꼬마도 보였다. 상대방을 놀리거나 욕을 퍼붓고 싶을 때면 자신의 이름을 들먹이곤 하는 걸 달문이 어찌 모를까. 장난기가 발동한 달문은 담장 벽으로 슬그머니 붙어 섰다.

"누구?"

무슨 말인지 모르겠다는 듯 미역 줄기를 옆구리에 낀 꼬마가 고개를 갸웃거렸다.

"세상에서 젤로 못생긴 동냥아치 달! 문! 이!"

"아, 아닌데?"

"그런데 왜 미역 줄기 쬠만 나눠 먹자는데 못 들은 척해?"

"그거야 동생 낳은 울 엄마가 드실 거니까 그렇지. 아무튼 나, 달문이 동생 아니거든?"

꼬마는 금방이라도 울음보를 터뜨릴 기세였다. 그때였다. 달문이 둘 사이로 끼어들며 주먹을 불끈 쥐어 보였다.

"달문이 보고 싶구나?"

"어? 어?"

혹시 절 때리려나 싶었는지 더벅머리가 움찔 어깨를 움츠렸다.

"잘 봐라."

그러든 말든 달문은 입을 쩌억 벌리고 껄껄 웃고는 주먹 쥔 손을 쑥 집어넣었다 뺐다를 반복했다. 입술이 제 맘대로 실룩거렸고 눈은 흘기듯 삐뚤어졌다.

"와아, 재밌다!"

꼬마는 울먹이던 것도 잊은 채 달문을 흉내 냈다. 더벅머리도 질세라 주먹을 제 입속에 쑤셔 넣으려 바동거렸고, 꼬마와 눈을 맞추며 키들거렸다.

달문이 장터를 돌며 동냥을 할 때였다.

"네 놈이 먼저 쳤다니까!"

"허어, 이 양반 좀 보게?"

길 저편으로 보부상 둘이 서로의 어깨를 밀치며 싸우고 있는 게 보였다. 한쪽은 팔자 눈썹이었고 다른 한쪽은 구레나룻이 덥수룩했다. 그들 뒤로는 같은 패거리인 듯 보이는 보부상들이 몰려서 있었고, 오가던 사람들까지 빙 둘러서 싸움 구경을 하고 있었다.

"가만히 가고 있는 사람 옆구릴 치지 않나, 그래 놓곤 되레 내가 먼저 쳤다고 우겨 대질 않나, 이런 말도 안 되는 경우가 또 있을까?"

"허어, 이 양반이 끝까지 오리발일세? 그렇잖아도 장사가 안 돼 죽을 맛이구먼, 한판 붙자는 거야 뭐야?"

팔자 눈썹도 구레나룻도 물러설 기미라곤 보이지 않았다. 그들 뒤에 몰려선 보부상들 역시 상대편 보부상들을 쩌려 보는 눈빛이 사납기 그지없었다. 여차하면 패싸움으로까지 번질 것 같았다.

다들 사는 게 힘들다 보니 마음까지 각박해진 게 분명했다. 이럴 때일수록 웃음이 필요할 거란 생각을 하며 달문은 한걸음에 길을 가로질렀다. 그러고는 거지발싸개만도 못한 웃통을 벗어 던지며 보부상들 사이로 뛰어들었다.

"에오!"

"뭐얏!"

"저리 안 비켜?"

팔자 눈썹도 구레나룻도 있는 대로 눈을 부라리며 달문을 노려보았다.

"어라? 거렁뱅이 달문이잖아!"

"저, 저놈이 왜 저런대?"

"그러게. 뭔 꿍꿍인지 알 수가 있어야지?"

구경꾼들도 예서 제서 수군거렸다.

"잠시만 실례하겠습니다."

주위의 술렁거림 따윈 아랑곳 않은 채 달문은 보부상들이 들고 있던 지게 작대기 하나를 뺏어 들었다. 졸지에 지게 작대기를 뺏긴 보부상은 어안이 벙벙한 표정을 감추지 못했다.

"신 나게 금을 그읍시다. 금을 긋자고요."

달문은 천연덕스레 지게 작대기를 세워 땅바닥에 금을 그었다. 실게 땋아 내린 총각머리가 흥에 겨운 듯 이리로 저리로 팔랑거렸다.

"자, 자, 이이 말이 맞다고 생각하는 분들은 금 이쪽으로서 주십시오. 아니다, 저이 말이 맞다고 생각하는 사람은 저

쪽으로 서시고요."

금을 다 긋고 난 달문은 팔자 눈썹과 구레나룻을 차례로 가리키며 구경꾼들을 휘이, 둘러보았다.

"대체 뭐하는 게야?"

보부상들도, 구경꾼들도, 영문을 몰라 고개만 갸웃거릴 뿐이었다.

"헤에, 이이가 맞다고 생각하면 금 이쪽으로, 저이가 맞다고 생각하면 금 저쪽으로 서시라니까요?"

달문은 엄지손가락으로 콧방울을 튕기며 채근을 해 댔다. 그리고 금 이편과 저편을 폴짝폴짝 뛰어다니며 한쪽으로 삐뚤어진 입을 쩌억 벌려 두 주먹을 넣었다 뺐다 했다. 박자에 맞춰 지게 작대기로 땅바닥을 쳐 대는 것도 빠뜨리지 않았다. 째지고 눈곱 낀 눈이 덩달아 삐뚤빼뚤 춤을 추었다.

"푸하하하, 달문이 놈 하는 꼴 좀 보게!"

"에고고, 배야."

"어라? 내 배꼽이 어디 갔다냐?"

구경꾼들은 너나없이 박장대소를 해 댔다. 보부상들도 배꼽을 잡고 웃어 젖혔다. 등에 진 쪽지게가 벗겨지는 줄도 몰랐다.

"내가 속이 좁았나 보이. 미안하네."

"나야말로 어깃장을 부렸지 뭔가."

팔자 눈썹과 구레나룻도 서로의 어깨를 투덕거리며 껄껄 웃었다.

"그럼 저는 이만!"

그 모습을 지켜보던 달문은 보란 듯 몸을 뒤로 젖혔다. 머리가 발에 닿으며 배꼽이 불쑥 하늘로 솟았다. 용이 꿈틀거리는 것처럼 한순간 몸을 돌려 뒤집는가 싶더니 갑자기 가슴을 휙 바꿔 똑바로 섰다가 이내 거꾸러졌다. 사지에 뼈라곤 없는 것 같았다. 그러고는 구르는 듯 나는 듯 튕겨 솟구치는 듯 길 저편으로 사라졌다. 거지 패들과 어울려 다니며 익힌 팔풍무라는 땅재주 넘기였다.

거지 왕초 달문, 쫓겨나다

눈바람이 휘몰아치는 추운 겨울날이었다.

"에오, 뭔 놈의 눈바람이 저리도 사나울까?"

달문은 청계천변에 위치한 구멍집*을 휘이 둘러보았다. 거적과 나무 판때기로 깁고 덧댄 천장과 벽이 당장이라도 훌렁 벗겨져 버릴 것 같았다.

"왕초! 동냥 다녀오겠습니다."

춘배가 다가와 달문에게 꾸벅 허리를 조아렸다. 오래전에 왕초로 추대된 달문은 구멍집에 남아 아이들이 동냥해 오기를 기다리면 되있다. 달문은 동냥 채비를 마친 아이들을 하나하나 둘러보았다.

---

* 거지들이 모여 사는 움막.

"옷들은 단단히 껴입었지?"

"네!"

"왕초 형은 아무 걱정 마십시오!"

넝마에 거적때기를 있는 대로 껴입은 아이들이 일제히 달문에게 절을 하였다.

"어라? 깽이, 넌 왜 그러고 있는데?"

아이들을 앞세우고 움막을 나서던 춘배가 귀퉁이 바닥에 웅크려 누운 천석깽을 째려보았다. 얼마 전 새로 들어온 막내였다.

"몸이 많이 안 좋다길래 오늘은 좀 쉬라고 했어요."

여자아이들 중 가장 나이가 많은 개똥이가 얼른 끼어들었다. 춘배는 힐끔 달문의 눈치를 살폈다.

"날씨가 엉망이라 걱정이 태산이구먼. 이래서 쉬고, 저래서 쉬면 안 되는 거 아닌가요?"

"제가 깽이 몫까지 다 해낼 테니 저만 믿으세요!"

개똥이가 대신 나서서 대답을 하고는 춘배의 등을 움막 밖으로 떼밀었다.

마지못해 거리로 나서는 춘배의 뒷모습을 지켜보던 달문은 어째 저리도 인정머리가 없을까 싶어 고개를 절레절레 내저었다. 그러고는 자신의 거적과 옷가지를 챙겨 천석깽의 몸을 감싸 주었다.

　얼마쯤 지났을까. 천석깽의 신음 소리가 점점 커졌다.

　"배…… 배, 고파……요."

　온몸이 불덩이였다. 터지고 갈라진 입술을 달싹이는 모습이 너무도 애처로웠다. 아무래도 아이들이 동냥해 오기만을 기다릴 수는 없을 것 같았다. 달문은 눈물이 나려는 걸 애써 참으며 황급히 동냥 바가지를 챙겨 들었다.

　"얼른 먹을 거 구해 올 테니 조금만 기다려."

　"바압…… 밥……"

　천석깽은 떠지지 않는 눈꺼풀을 팔락이며 달문을 재촉했다.

　눈바람을 헤치고 나선 달문은 겨우겨우 밥을 얻어 구멍집으로 돌아왔다.

　"깽아, 밥 먹자!"

　달문은 숨 고를 겨를도 없이 천석깽을 끌어안았다. 하지만 이미 숨을 거둔 지 오래인지 터지고 갈라진 입술 주변으로 허연 침이 바짝 말라 있을 뿐이었다.

　"배고프다며? 밥 먹고 싶다며?"

달문은 밥알을 한 움큼 집어 천석깽의 입속에 넣어 주려 안간힘을 썼다. 아무 소용없는 줄 알면서도 멈출 줄을 몰랐다. 제 눈에서 닭똥 같은 눈물이 뚝뚝 떨어지는 줄도, 시간이 얼마나 흘렀는지도 몰랐다.

"왕초, 동냥 다녀왔습니다."

"히우, 어찌나 추운지 얼어 죽는 줄 알았다니까요."

"동냥도 무지 시원찮았고요."

동냥 나갔던 춘배와 아이들이 우르르 뛰어 들어왔다.

"어? 깽아!"

"뭐야, 죽었잖아?"

달문의 품에 안긴 채 죽어 있는 천석깽을 발견한 아이들이 여기저기서 비명을 질러 댔다. 몇몇은 울음을 터뜨렸다. 그때였다. 오래전부터 왕초 자리를 노리던 춘배가 불쑥 앞으로 나섰다.

"왕초가 죽인 거지요?"

"……"

달문은 닭똥 같은 눈물을 뚝뚝 흘릴 뿐이었다.

자신과 동갑인 데다 지지리도 못생긴 주제에 왕초랍시고 이런저런 지적이나 해 대는 달문의 꼴이 얼마나 눈꼴시었던가.

기회는 이때다 싶었는지 춘배는 더더욱 호들갑을 떨어 댔다.

"밥알 좀 뺏어 먹겠다고 저 어리디어린 걸 죽이다니! 그러고도 왕초 자격이 있다고 생각진 않겠지요? 당장 구멍집에서 나가욧!"

"왕초한테 어찌 그런 말을?"

개똥이가 재빨리 끼어들었다. 그런데도 달문은 눈물을 뚝뚝 흘릴 뿐 아무 말이 없었다.

"어서들 끌어내지 못할까?"

왕초가 된 제 모습을 상상하며 춘배가 의기양양하게 소리쳤다.

"저런 왕초는 필요 없어요!"

"맞다 맞아."

"두 번 다시 얼씬거렸다간 가만두지 않을 테다!"

춘배의 눈치를 살피던 아이들이 보란 듯 달문에게 발길질을 해 대기 시작했다. 몇몇은 몽둥이찜질을 해 댔고, 또 몇몇은 머리채를 휘어잡은 채 움막 밖으로 잡아끌었다. 개똥이가 말렸지만 소용없었다.

더욱더 거세진 눈바람 속에서 달문은 굳게 닫힌 대문을

있는 힘껏 두드렸다.

"계세요? 계십니까?"

구멍집에서 쫓겨나면서 흠씬 얻어맞은 탓에 온몸이 쑤시고 아팠지만, 이를 악물고 참으며 기어서라도 찾아온 비단 가게 상인의 살림집이었다.

"나리, 제발 문 좀 열어 주십쇼!"

달문은 젖 먹던 힘까지 다해 대문을 두드렸다. 갑작스런 소동에 놀란 개들이 사납게 짖어 댔다.

"이 늦은 밤에 대체 누구요?"

한참 만에야 대문 안에서 인기척이 들렸다. 막 잠에서 깬 듯 하품 소리도 섞여 들렸다. 달문은 비로소 안도의 한숨을 길게 내쉬었다.

"달문이옵니다."

"달문이 자네가 오밤중에 어쩐 일인가?"

상처와 멍투성이인 데다 눈까지 고스란히 뒤집어쓴 달문의 모습에 상인은 어안이 벙벙했다.

"급히 부탁드릴 게 있어서 염치 불구하고 찾아왔습니다."

"어서 안으로 들어오게. 밤도 많이 늦었겠다, 눈도 저리 극성이니 오늘 밤은 예서 자고 가도 좋을 테고."

상인은 오래전부터 달문을 눈여겨보며, 비록 추악한 외모이긴 해도 자신의 곁에 두어도 좋을 사람이라고 생각하고 있었다.

"아, 아닙니다."

"잠깐 들어와 따뜻한 차로 몸이라도 녹이게나."

"송구스럽지만 제가 많이 급해서요."

달문은 극구 사양을 했다.

"허면, 내가 뭘 도와주면 되겠는가?"

"혹시 거적때기가 있거든 챙겨 주십시오."

"정히 그렇다면야……"

한밤중에 예까지 찾아와 거적을 찾는 데는 분명 그럴 만한 사정이 있을 터였다. 상인은 더는 묻지 않고 하인들을 시켜 거적을 챙기도록 하였다.

달문이 수표교에 막 도착했을 때였다. 아니나 다를까. 춘배와 아이들 몇이 천석깽의 시체를 질질 끌고 오는 게 보였다. 달문은 숨을 죽이며 으슥한 구석으로 몸을 숨겼다.

"설마, 보는 사람 없겠지?"

주위를 살피던 춘배가 시체를 다리 아래로 휙 던져 버리더니 누가 볼세라 줄행랑을 쳤다.

　배곯다 죽은 것만도 애처로운데 주검마저 아무렇게나 버려지게 놔둘 수는 없는 일이었다. 달문은 꼬꾸라지듯 다리 밑으로 뛰어내렸다. 눈보라가 휘돌아 치며 한 치 앞도 분간키가 어려웠다. 몽둥이찜질을 당했던 어깨와 무릎은 아예 감각조차 없었다. 하지만 달문은 천석깽의 시체를 거적으로 감싸 등에 메고는 서대문 밖 공동묘지로 걸음을 서둘렀다.

　언 땅을 파는 게 쉽지 않았지만 달문은 되도록 깊게 깊게 땅을 팠다. 그리고 거적으로 다시 한 번 꼼꼼 여미고서야 천석깽의 시체를 묻어 주었다.

　"천석깽아, 천석꾼처럼 한 끼도 굶는 일이 없길 바라며 어머니가 지어 준 이름이랬지? 비록 이곳에서 이루지 못했지만 저세상에선 꼭 이름처럼 한 끼도 굶는 일 없이 살아야 한다. 왕초의 명령이다. 알겠지?"

　눈발은 더더욱 거칠어 갔고 바람도 거세졌지만 달문은 오래도록 무덤 잎을 떠날 줄 몰랐다.

　어느새 날이 밝아 오고 있었다.

　"누군지 몰라도 달문이 자네의 정성 덕분에라도 좋은 곳으로 갔을 거네."

멀찍이 떨어져 달문을 지켜보고 있던 상인이 달문의 옆으로 다가와 섰다. 달문은 그제야 무덤에서 물러섰다. 놀란 기색이 역력했다.

"나리께서 이 먼 곳까지 어쩐 일이십니까?"

"한밤중에 찾아와 거적때기를 달라지 않나, 온몸이 상처투성이질 않나 해서 분명 무슨 일이 있구나 싶어 몰래 자네 뒤를 밟아 본 것이네."

"그러신 줄 몰랐습니다."

"헌데 수표교도 그렇고, 이곳 공동묘지도 그렇고, 대체 무슨 일이 있었던 건지 궁금하구먼."

"……"

"정말 궁금해 그러네."

"그러니까 그게……"

한참을 머뭇거리던 달문은 하는 수 없다는 듯 지금까지의 일들을 차근차근 털어놓았다.

"역시! 역시! 천하의 달문이로세!"

달문의 얘기를 듣고 난 상인은 연신 고개를 끄덕거렸다.

"그건 그렇고, 왕초 자리도 뺏기고 구멍집에서도 쫓겨났으니 앞으로 뭘 하며 지낼 생각인가?"

"글쎄요. 이제부터 천천히 생각해 봐야겠지요."

달문이 엉망으로 헝클어진 머리칼을 벅벅 긁었다.

"일단 우리 집으로 가서 모자란 잠도 자고 속도 좀 채우게나."

상인은 달문을 집으로 데려가 극진히 대접하였고, 입에 침이 마르도록 달문의 의로운 행실을 칭찬하고 다녔다.

달문이라면야!

상인의 소개로 달문이 약방 일을 도우며 지낼 때였다.
하루는 약재 좀 받아 와 달라는 약방 주인의 심부름으로 길 건너편 약방에 들르게 되었다.
"저희 주인께서 전에 부탁드렸던 약재를 받으러 왔습니다."
달문이 약방 안으로 들어서자 약방 주인은 다짜고짜 종이에 싼 인삼 뭉치부터 내밀었다.
"마침 잘 왔네. 좀 전에 인삼 몇 뿌리가 들어왔는데 달문이 자네가 보기에 어떤 거 같은가?"
"아주 좋은데요. 최곱니다!"
인삼을 꼼꼼히 살피는 달문의 표정이 진지했다.
"그렇지?"

상품을 보는 달문의 안목은 소문이 자자할 정도였다. 그러니 아주 비싼 값에 팔 수 있을 거란 생각에 약방 주인은 어깨춤이 절로 났다.

"그런데 저희 주인께서 부탁드렸던 약재는 어디 있습니까?"

"가만? 내가 그걸 어디다 두었더라?"

주인은 허둥지둥 약장 서랍을 뒤지기 시작했다.

"너무 서둘지 마시고 천천히 찾아보십시오."

"가만, 가만. 사랑방 문갑에 두었던 것도 같고? 여보게 달문이, 내 얼른 안채에 다녀올 테니 잠깐만 기다려 주겠나?"

"알겠습니다."

이리로 저리로 허둥거리던 주인은 생각났다는 듯 안채로 뛰어 들어갔고, 달문은 약장에 기대서 문밖으로 펼쳐진 거리 풍경을 느긋하게 바라보았다.

얼마쯤 지났을까. 한걸음에 뛰어 들어온 주인이 안채에서 챙겨 온 약재 주머니를 달문에게 건넸다.

"많이 기다리게 해서 미안하이. 여기 있네."

"약재를 찾았으니 다행입니다."

"그러게나 말일세. 나이가 들어 그런지 요즘 들어 부쩍 깜빡깜빡하는구먼."

"그럼 전 이만 가 보겠습니다."

달문이 약방문을 나서려 할 때였다. 약장 위에 놓아둔 인삼 뭉치가 없어졌다며 약방 주인이 달문을 급히 불러 세웠다.

"자네 혹시, 여기 두었던 인삼 못 보았나?"

"글쎄요?"

"이거야말로 귀신이 곡할 노릇이구먼."

약방 주인은 달문을 힐끔거리며 몇 번이고 약장 주변을 살폈다. 그러자 달문이 갑자기 호탕한 웃음을 웃어 젖혔다.

"아, 맞다! 때마침 그걸 사고 싶다는 사람이 나타나서 제가 대신 넘겨 주었습니다. 되도록 빨리 인삼값을 보내 주마 했고요."

"그랬구먼."

"제가 책임지고 인삼값을 받아다 드릴 테니 걱정일랑 붙들어 매십시오."

"그럼! 그럼!"

약방 주인의 표정이 대번에 환해졌다.

다음 날, 약방 주인이 아침 준비를 서둘 때였다. 약장 주변 바닥이 쥐똥으로 너저분했다.

"요즘 부쩍 서생원*들이 극성이네그려."

약방 주인은 쥐구멍을 찾으려 약장 뒤로 손을 뻗었다. 그러자 무언가가 손끝에 닿았다.

"어, 이게 뭐지? 설마 쥐가 죽어 있는 건 아니겠지?"

약방 주인은 있는 힘껏 팔을 뻗어 무언가를 끄집어냈다. 두툼한 종이 뭉치가 눈에 익었다.

"어라? 어제 그 인삼이잖아?"

종이 뭉치를 펼쳐 인삼 뿌리가 들어 있는 것을 확인한 약방 주인은 부랴부랴 달문을 찾았다.

"절 찾으셨다고요?"

"자네한테 꼭 물어볼 게 있어서 말이지."

"에오, 말씀하십시오."

달문은 짐작 가는 게 있다는 표정이었다.

"혹시 이게 뭔지 알겠나?"

"어제 잃어버렸다던 그 인삼 뭉치잖습니까? 어디서 찾으셨습니까?"

---

* '쥐'를 의인화하여 속되게 이르는 말.

"아침에 쥐를 잡으려다가 약장 뒤쪽에서 찾아냈지 뭔가."
"정말 잘됐네요."
"헌데 자넨 어째서 이걸 보지 못했다고 말하지 않았던 건가?"

약방 주인은 달문에게 인삼 뭉치를 들이대며 따져 물었다. 달문은 짓무르고 눈곱 낀 눈을 끔뻑일 뿐이었다.

"진작에 보았던 인삼 뭉치가 갑자기 없어졌다니, 이제야

말이지만 사실 저도 무지 놀랐지 뭡니까."

"팔았다는 얘긴 또 뭐고?"

"그런데 만약에 제가 모르는 일이라고 말씀드리면 나리께서 절 도둑놈이라고 생각하시 않을 도리가 있겠습니까?"

"그래서 다른 사람에게 넘겼다고 했단 말이지? 그 큰돈을 자네가 대신 내려 했고?"

"에오, 이놈한테 그리 큰돈이 어딨겠습니까?"

"허면 어찌 그런 거짓말을 한 건가?"

"약방 안에 분명 이놈밖에 없었으니 그새 누가 손을 댔을 리 만무하지 않습니까. 그렇다고 인삼에 발이 달렸을 리도 없으니 분명히 어디선가 나오겠지 싶었거든요."

"그런 줄도 모르고…… 정말 미안하구먼. 부디 용서를 바랄 뿐이네."

약방 주인은 자신의 어리석음을 부끄러워하며 몇 번이고 머리를 조아려 용서를 구했다.

"헤에!"

달문이 별일 아니라는 듯 헤벌쭉 웃었다.

약방 주인은 부자와 사대부들에게 달문의 지혜와 정직함을 칭찬하고 나녔다. 높은 벼슬아치들에게도 달문의 칭찬을 아끼지 않았다.

"달문이 의로운 사람이라는 건 익히 알고 있었지만 마음 씀씀이까지 그리 사려 깊을 줄이야!"

얼마 지나지 않아 달문의 이야기는 장안의 화젯거리가 되었고, 달문은 의리와 신용의 상징이 되었다.

돈놀이꾼들이라고 달문의 소문을 모를 리 없었다.

"소개해 준 사람이 달문이라면야!"

장식품 같은 값나가는 물건이나 논과 밭, 집문서 등을 담보로 돈을 빌려 주는 이들까지 달문이 소개한 사람에게는 아무런 조건 없이도 기꺼이 돈을 빌려 주었다.

"세상에나! 독하기로 소문이 자자한 돈놀이꾼들조차 달문이라면 껌뻑 죽는다지 뭔가."

"그래서 사람을 외모로만 판단해선 안 된다는 거겠지."

"달문이도 그렇지만 달문이의 진가를 알아본 상인이나 약방 주인도 정말 대단한 사람 아니겠어?"

"물론이지."

"아무튼 요즘 같은 세상에 그렇게 의로운 이가 있을 줄 어찌 알았겠나?"

"의롭기만 할까. 예전에 운종가에서 동냥이나 하고 다닐 때부터 춤이며 재주는 또 얼마나 뛰어났게. 세상 어떤 광대도 흉내조차 내지 못할걸?"

"맞다! 맞아!"

"얼마 전에 철괴무라는 달놀음을 볼 기회가 있었거든. 이철괴라는 기괴한 모습의 신선으로 분장한 달문의 재주에 차마 입을 다물 수가 없던걸."

"만석중놀이는 또 어떻고? 기생 황진이의 미모에 빠져 파계한 지족선사를 우롱하는 탈춤이라는데 그걸 보는 내내 구경

꾼들 모두 눈도 떼지 못한 채 연신 탄성을 쏟아 냈지 뭔가."

달문에 대한 소문은 꼬리에 꼬리를 물고 퍼져 나갔다. 어느덧 광대로 발돋움한 달문에 대한 기대와 호기심도 덩달아 커져 갔다.

그뿐이 아니었다. 길게 땋아 내린 총각머리부터 발끝까지, 달문의 모양새를 흉내 내고 다니며 행동까지 따라 하려 드는 사대부 양반과 부잣집 도령들도 늘어만 갔다.

어사 박문수와
마주 앉다

선왕인 경종에 이어 영조가 나라를 다스리던 시절이었다.
"저를 보자 하셨다고요."
달문은 어사 박문수에게 예를 갖춰 인사했다. 삐뚤어진 입은 얼굴의 반을 차지하고 째진 눈은 잔뜩 짓무른 데다 얽히고설킨 머리카락 또한 똥닭개 지푸라기가 따로 없었다. 그런데도 표정은 당당했고, 태도 또한 함부로 가까이할 수 없는 의연함이 배어 있었다.
"자네가 광대 달문이렷다."
"그렇시옵니다."
"우선 그리로 좀 앉게."
달문이 자리에 앉기를 기다렸다 박문수가 운을 뗐다.
"자넬 이리 부른 건 다름이 아니라, 어릴 적 돌아가신 아버지를 대신하여 날 지극정성으로 돌봐 주신 친척 어른이 계시네. 그 어른께서 이번에 환갑을 맞게 되었거든. 하여 조촐하게나마 연회를 베풀어 드릴까 하는데 어른께서 기왕이면 자네의 춤과 재주를 보았으면 하시지 뭔가. 나 역시도 자네의 재주가 보고 싶고."

"대감댁 연회에서 어찌 하찮은 광대의 재주나 보려 하십니까?"

"예술을 감상하는 데 귀천이 따로 있을 수 있겠는가. 연희*꾼들 사이에서도 최고로 꼽힌다는 자네의 재주를 볼 수 있다는 것만으로도 벌써 이렇게 가슴이 설레는 것을!"

광대 달문은 누구나 인정하는 연희꾼이었다. 팔풍무는 물론이고 철괴무와 만석중놀이 같은 산대놀이는 달문을 따라올 광대가 없었다.

"그렇게까지 말씀해 주시니 최고의 재주를 보여 드려야겠습니다. 허허."

"하! 하! 하! 하! 기대하고 있겠네."

박문수가 너털웃음을 터뜨렸다.

* 말과 동작으로 여러 사람들 앞에서 재주를 부림.

"그건 그렇고…… 정말 궁금해서 그러는데, 올해 나이가 몇인가?"

"어찌어찌하다 보니 스물이 훌쩍 넘었나 봅니다."

"그런데 어찌 혼인할 생각을 않는 겐가?"

박문수는 달문의 길게 땋아 내린 총각머리로 시선을 주었다.

"남자들은 대체로 예쁜 여자를 좋아하지 않습니까?"

"그야 그렇지."

"여자라고 크게 다르겠습니까. 그러니 못생긴 저를 어떤 여자가 좋다고 하겠는지요. 본래 못생겨서 아예 용모를 꾸밀 생각도 않는 것을요."

"그렇다 해도 집 한 채 정도는 마련해도 됨직하련만?"

광대로 명성이 높은 데도 여전히 떠돌이 신세를 면치 못하고 있는 달문이었다.

"부모 형제도 처자식도 없는데 그깟 집이 무슨 소용일라고요. 그저 날이 밝으면 노랫가락을 흥얼거리며 여기로 지기로 쏘다니다가 날이 저물면 부잣집 문턱 아래서 잠을 청하면 되는 것을요. 도성 안 부잣집이 8만은 족히 넘을 테니 하루에 한 집씩만 다녀도 죽을 때까지 다 돌아다닐 수 없

을 겁니다."

"아하! 그게 그렇게 되는구먼."

박문수가 한쪽 눈을 찡긋해 보였다.

"그리고 이건 여담인데, 지난번 충청도 땅으로 암행 나갔을 때 어떤 노인을 만났거든. 잠시 한양에 들렀다 자네 공연을 보았던 모양이야. 자네 재주를 한 번만 더 볼 수 있다면 죽어도 여한이 없겠다지 뭔가."

"에오! 일부러 시간을 내서라도 방방곡곡을 다녀 봐야겠네요."

얼굴의 반을 차지한 입술이 흥에 겨워 실룩샐룩 춤을 추었다.

달문이 충청도와 경상도, 전라도 곳곳을 다니며 놀이판을 펼치고 온 얼마 후였다.

달문의 의로운 행실에 대한 소문이 지방 곳곳으로 퍼져 나가며 집과 가족을 잃고 떠돌던 아이들이 하나둘 달문을 찾아오기 시작했다. 고향도 제각각이었고 사연도 제각각이었다.

"고을 원님께서 역적으로 내몰려 마을 사람들까지 몽땅

관으로 끌려갔거든요. 아무 죄가 없는데도 아버지가 맞아 죽는 거 보고…… 너무 무서워서 냅다 도망쳤어요."

"고기잡이 나갔던 아버지와 형이 폭풍에 배가 뒤집혀 죽고, 선주의 빚 독촉에 시달리다가……"

"도적 떼가 쳐들어오는 바람에 마을이 깡그리 불타 버렸습니다. 울 할머니랑 누이는 불더미에 깔려 죽고, 저만 겨우 살아남은 거예요. 그런데 윗마을 아주머니가 한양 사는 달문일 찾아가 보라길래 무턱대고 온 거예요. 제발, 제에발, 뭐든 시켜만 주십시오."

하나같이 넝마 쪼가리에 지칠 대로 지친 모습이었지만 눈빛만은 똘망똘망했다.

달문은 그런 아이들을 위해 해 줄 수 있는 게 있다면 뭐든 가리지 않았다. 가게의 일꾼으로 추천해 주었고, 기방이나 술집에서 허드렛일을 돕는 중노미*로 추천해 주었다. 양반집의 잡일을 돕거나 광대 패를 따라다니며 재주를 익히도록 추천해 주기도 했다. 달문에 대한 신뢰가 있었기에 가능한 일이었다.

---

* 음식점, 여관 따위에서 허드렛일을 하는 남자.

달문이 버려진 아이들에게 일자리를 마련해 주었다는 소문이 퍼지면서 어느 날 개똥이가 달문을 찾아왔다. 몇 년 만에 보는 개똥이었다.

"왕초!"

"왕초는 무슨……"

"그치만……"

"헤에, 오라버니라고 부르는 건 어때?"

누구보다도 자신을 믿고 따랐던 개똥이었다.

"암튼…… 암튼, 있잖아요."

개똥이가 한참을 미적거렸다.

"저 좀 기방 부엌 같은 데 소개시켜 주시면 안 될까요?"

"기방 부엌?"

달문은 잠깐 제 귀를 의심했다. 하지만 괜한 소리나 할 개똥이가 아니란 걸 어찌 모를까.

"몇 년 만에 나타나시는 정말 염치도 없다 하겠지만 제발, 제발, 부탁드릴게요."

"에오! 대체 무슨 이유인지 궁금한데?"

"저 애들이랑 같이 지냈음 해서요."

개똥이가 얼른 제 뒤편 골목을 가리켰다. 서너 살이나 되었을까. 많아야 예닐곱 살쯤 됨직한 아이들 넷이 쪼그려 앉아 달문의 모습이 신기한 듯 쳐다보고 있었다.

"구명집 앞에 버려지는 아이들이 날로 늘어만 가니 잠자리는 고사하고 서 있을 자리도 없을 지경이에요. 춘배 왕초는 당장에 내쫓아 버리라고 성화지만 저 어린것들을 무턱대고 내쫓을 수는 없잖아요?"

"그야 그렇지."

왕초 자리를 차지했다지만, 동냥에 도움이 안 되는 아이들까지 거둬 줄 춘배가 아니었다.

"저도 언제까지 동냥만 하고 다닐 수도 없고, 이번 참에 아예 구멍집을 나올까 해서요. 누가 하는 얘길 들었는데 기방만큼 품삯이 후한 곳도 드물다니 눈곱만 한 판잣집이라도 하나 구해 보려고요. 기방 부엌에서 일하면 남은 밥이며 찬도 따로 챙길 수 있을 테고요."

"운이 좋으면 손님들이 남기고 간 진수성찬도 챙길 수 있고?"

달문은 자그마한 체구지만 마음 씀씀이는 바다를 품고도 남음직한 개똥이의 말에 장단을 맞추었다.

"네에. 그러니까 제발, 제발, 부탁드릴게요. 네? 네?"
개똥이의 눈빛이 간절했다.
"안 들어줬다가 저 애들한테 무슨 원망을 들으려고?"
달문은 저만치 쪼그려 앉은 아이들을 하나하나 둘러보았다. 꾀죄죄한 몰골이 애처롭기 그지없었다.
"달문이 보고 싶구나?"
달문은 보란 듯 두 팔을 들어 주먹을 꼭 움켜쥐었다. 그러고는 입을 쩌억 벌려 넣었다 뺐다를 반복했다.
"와아, 신기하다!"
아이들이 키들키들 웃어 댔다. 달문은 아이들과 개똥이를 번갈아 보며 백지장도 맞들면 낫다는 속담을 떠올렸고, 몇 번이고 속마음을 다지고 다졌다.

마침내 구멍집에서 나온 개똥이는 달문의 소개로 다방골의 기방 부엌에서 일하게 되었다. 그리고 바로 다음 날, 청계천변의 판잣집도 얻을 수 있었다. 달문이 적극적으로 나선 덕분이었다. 비록 좁고 허름하기 짝이 없었지만 개똥이와 아이들 넷이 비바람을 피할 수 있었고, 끼니를 나누고 지친 몸을 누일 수 있는 더없이 소중한 공간이었다.

달문은 아이들이 덮고 잘 이불을 구해 판잣집을 찾았다. 아이들은 누에고치라도 된 것처럼 온몸을 이불로 칭칭 감고는 좋아서 어쩔 줄을 몰라 했다.

"네 이름이 무어냐? 나이는?"

달문은 가장 의젓해 보이는 사내아이에게 물었다.

"이름은 동이고, 나인 여섯 살이고요."

"동이? 이름이 참 좋구나. 그럼 고향이 어딘지 아느냐?"

"어머니 말로는 저기 저 위쪽에 있는 백두산이랬어요. 부모님 두 분 모두 거기서 나물도 캐고 약초도 캐고 하는 산사람이었댔어요."

"그런데 어쩌다 한양까지 오게 되었을꼬?"

"제가 배 속에 있을 때 산적들에게 붙잡혀 장사치에게 팔려 오게 되었댔어요. 아버지는 그때 돌아가셨고요. 어머니가 저를 낳고 병이 나자 장사치들이 성가시다며 길바닥에 내다 버렸대요. 절 데리고 동냥을 다니던 어머니도 얼마 전에 돌아가셨는데, 제가 크면 꼭 한번 백두산에 가 보고 싶었다면서 저더러 나중에라도 꼭 올라가 보라고 하셨어요."

또박또박 말을 잇는 아이의 표정이 다부져 보였다.

"네 이름은? 나이는 알고?"

달문은 다른 아이들에게도 차례로 물어보았다. 하지만 세 아이 모두 제 이름도 나이도 모른다며 고개를 절레절레 내저었다. 고향은 고사하고 부모가 누군지조차 모르는 눈치였다. 사내아이 둘과 차례로 눈을 맞추며 개똥이가 빙그레 웃었다.

"제일 큰 아이가 동이니까 넌 서이라고 부를게. 너는 남이고."

"아이, 좋아라."

"저도 좋아요."

아이들도 덩달아 빙그레 웃었다. 이제 막 말문이 트인 여자아이가 얼른 끼어들었다.

"그럼 난 북이겠네요?"

개똥이를 쳐다보는 눈빛이 초롱초롱 빛났다. 앵두 같은 입술에 앙증맞은 볼 보조개는 보는 것만으로도 미소가 절로 났다.

"네 이름은 총총이가 어떨까?"

"총총이?"

"응! 총, 총, 이."

개똥이는 여자아이의 양 볼을 살그머니 잡아 흔들었다.

귀여워 죽겠단 표정이 역력했다. 그러자 아이가 까만 눈동자를 빤짝이며 활짝 웃었다.
"총총이! 아이, 좋아라."
"동이, 서이, 남이 그리고 총총이. 정말 멋진걸?"
달문이 무릎 박수를 치며 좋아했다.
"난 동이."
"나는 서이."
"나는 남이."
"난 총총이."
"나는 개똥이!"
개똥이와 아이들도 서로를 번갈아 보며 박수를 쳐 댔다.
개똥이가 기방 부엌에서 챙겨 온 식은 밥과 반찬으로 저녁을 먹고 난 후였다. 동이가 달문의 팔뚝을 잡아 흔들며 물었다.
"아저씨, 개똥이 아줌마가 그러는데 아저씨는 무지 유명한 광대라면서요?"
"아마도?"
달문은 어깨를 으쓱해 보였다.
"그래서 말인데요, 우리도 광대 재주를 배우고 싶어요. 가

르쳐 주세요."

"광대 재주를 배워 뭐하게?"

"아저씨가 사람들을 웃게 해 준다면서요. 그러니까 우리도 아저씨처럼 사람들을 웃게 해 주고 싶단 말이에요. 개똥이 아줌마도 많이 많이 웃을 수 있게 해 주고 싶고요."

동이의 표정이 다부졌다. 다른 아이들도 덩달아 달문의 팔뚝을 잡아 흔들었다. 달문은 아주 잠깐 아이들의 모습을 살폈다. 꾀죄죄한 몰골이 안쓰럽기만 했다.

"거야 어려울 게 없지. 그런데 아직은 많이들 어리잖아? 그러니 뭐든 많이 먹고 잠도 잘 자는 게 먼저일 게야. 그래서 몸도 쑥쑥 커지고 마음도 쑥쑥 커져야 어떤 재주든 제대로 배울 수 있거든. 알겠지?"

"네에."

달문의 말이 끝나기 무섭게 아이들이 앞다퉈 이불 속을 파고들었다. 그러고는 눈을 질끈 감으며 어떻게든 잠을 청하려 애를 썼다.

"몸도 쑥쑥! 마음도 쑥쑥!"

총총이는 달문의 말을 흉내 내기까지 했다.

"이리도 좋을까나."

개똥이가 차분차분 이불 귀퉁이를 여며 주었다. 얼굴 가득 정감 어린 미소가 번져 있었다. 그런 개똥이와 아이들을 번갈아 보며, 달문은 아이들에게 광대 재주를 가르쳐 주려면 무엇을 어찌해야 할지를 곰곰 생각해 보았다.

광대 달문이 조방꾸니로 나섰다는 소식에 운종가가 떠들썩했다.
"조방꾸니라면 기녀들을 연회자리에 소개시켜 주고, 잔심부름도 해 주는 이들을 이르는 말 아닌가?"
"그렇지!"
"달문이 그 조방꾸니로 나섰다고?"
"그렇다잖아."
"오호! 천하의 달문이 하필이면 왜 그런 일에 나섰을꼬?"
"속사정까지야 어찌 알겠는가."
"가만, 그럼 달문이 재주를 더는 볼 수 없다는 거잖아."
"당연히 그렇겠지?"
"에고고, 이제 무슨 낙으로 살아갈꼬."
"어쨌든 익살과 해학으로 똘똘 뭉친 달문이 덕분에 기방들은 벌써부터 활기가 넘쳐난다지 뭔가. 기녀들도 기대에 차허구한 날 콧노래를 흥얼거린다 하고."

달문의 소식에 운종가 상인들은 한숨을 푹푹 내쉬었지만 기방들이 밀집해 있는 다방골에는 활기가 넘쳐흘렀다.

사대부 양반들 사이에 광내 달문을 모르는 사람은 없었다. 더욱이 암행어사로 유명한 박문수와의 친분은 달문의 위상을 말해 주는 것이었다. 그러다 보니 기녀들은 달문의 눈에 들기만 하면 그럴싸한 연회 자리는 떼어 놓은 당상일 거라 믿어 의심치 않았다. 달문이 소개해 주는 연회라면 마다할 이유 또한 없었다.

제아무리 빼어난 기녀라 해도 달문이 칭찬해 주지 않으면 아무 소용없다는 말이 삽시간에 퍼져 나갔다. 기녀들은 너도나도 달문의 눈에 들고 싶어 안달을 내었고, 저만치 달문이 보인다 싶으면 색색의 치마저고리를 매만지기에 여념이 없었다. 비녀와 뒤꽂이의 맵시를 살피는 것도 잊지 않았다.

그러던 어느 날이었다. 각 궁궐의 별감들과 부마*댁 청지기들이 검무로 이름난 운심의 집으로 몰려들었다.

"네가 검무로 유명한 운심이렷다!"

---

* 임금의 사위.

"네 춤 솜씨가 뛰어나다 하여 일부러 걸음을 한 것이니 어서 춤을 춰 보아라."

"악공들은 서둘러 풍악을 울리고!"

별감들과 청지기들 모두 술잔을 부딪치고 술상을 두드리며 거드름을 피워 댔다.

"춤이라곤 모르는 무지한 자들 앞에서 내 어찌 춤을 출 수 있을까."

운심은 손가락 하나 꼼짝하려 들지 않았다. 우리가 누군지 알고 이리 도도하게 구는 거냐며 별감과 청지기들이 독촉을 했지만 들은 척도 하지 않았다.

"에오, 북소리 장단이 운심의 춤을 부르는구나!"

그때였다. 때마침 운심의 집에 들렀던 달문이 뛰어들듯 술상 윗자리를 차지하고 앉았다. 그러고는 느린 듯 빠르게, 빠른 듯 느리게 무릎 장단을 맞추며 콧노래를 흥얼거렸다.

"조방꾼이 주제에 예가 어디라고 끼어드는 게야?"

"감히 우리가 누군지 알고? 어서 썩 물러나지 못할까?"

별감과 청지기들 모두 멱살잡이라도 할 듯 험악한 표정이었다. 여차하면 술상이라도 엎어 버릴 기세였다. 그런데도 달문은 눈도 끔뻑하지 않은 채 무릎 장단에 맞춰 어깨를 들썩거렸다.

"비로소 춤을 아는 이가 나타났도다!"

그제야 운심은 부랴부랴 검무복을 차려입고는 달문을 위하여 춤을 추었다. 북소리가 기지더니 대금과 장구 소리가 뒤를 따랐고, 피리와 해금 소리가 흥을 돋우었다.

"연희가 뛰어난 줄은 익히 알고 있었지만 기방을 주도하는 솜씨와 위세 또한 그리 뛰어날 줄은 몰랐구나!"

"달문이 아니었음 그 유명하다는 운심의 춤도 못 보고 올 뻔했지 뭔가."

"그러게나 말일세. 명재상이신 조현명 대감이며 박문수 대감께서 연회가 있을 때면 왜 으레 달문일 찾으시는지, 그 이유를 알고도 남겠던걸."

덕분에 운심의 검무를 구경할 수 있었던 별감과 청지기들은 가는 곳마다 기방을 주도하는 달문의 솜씨와 위세를 소문 내기에 바빴다.

날이 가고 해가 여러 번 바뀌었다.

그러거나 말거나 달문은 양반과 부자들을 찾아다니며 연회를 주신하였다. 그리고 기회가 될 때마다 연회 잔칫상에 남겨진 밥과 반찬들을 챙겨 아이들과 함께 나눠 먹었고, 어떻게든 시간을 만들어 자신이 익혀 온 춤과 재주를 하나하나 가르쳐 나갔다.

"풍물의 장단을 모르고서야 어찌 춤이고 재주를 익힐 수 있을까!"

달문은 북과 장구, 징, 꽹과리, 태평소 같은 풍물을 마련해서 악기마다 특징과 장단을 익힐 수 있도록 가르쳐 주었다.

"이런 거 말고, 아저씨의 특기라는 팔풍무 재주부터 가르쳐 주심 안 돼요?"

"탈놀음 같은 재주도 빨리 배우고 싶은데……"

"저는요, 줄타기랑 대접 돌리기 같은 게 무지 해 보고 싶거든요?"

허구한 날 악기만 배우는 게 지루했던지 아이들은 종종 조바심을 감추지 못했다. 그럴 때마다 달문은 아무리 급해도 바늘허리에 실을 매어 쓸 수는 없는 일이라며 아이들을 어르고 달랬다.

"히이, 총총인 뭐든지 다 배울 거거든요?"

총총이가 장구채를 고쳐 잡으며 어깨를 덩실거렸고, 진지하기 이를 데 없는 달문의 표정을 살피던 동이도 서둘러 꽹

과리를 집어 들었다. 서이와 남이도 질세라 팽개쳤던 악기를 집어 들었다.

마침내 아이들 모두 풍물에 익숙해지자 달문은 대접이나 쳇바퀴를 앵두나무 막대기로 돌리는 버나 재주를 가르치는 데 집중하였다.

"돌리는 물건이 대접이면 대접버나라고 하고, 쳇바퀴면 쳇바퀴버나라고 한댔지?"

"맞아! 돌리는 물건이 칼이면 칼버나랬고."

"그럼 숟가락을 돌리면 숟가락버나겠지? 신을 돌리면 신버나일 테고?"

아이들은 연습을 핑계 삼아 손에 잡히는 물건이면 뭐든 앵두나무 막대기로 돌리려고 들었다. 개똥이가 아무리 눈을 흘겨도 소용없었다.

"접시 같은 걸 돌리는 사람은 버나잡이! 소리꾼은 매호씨라고 하고."

"무엇보다도 이 놀이의 맛은 버나잡이와 매호씨가 주고받는 재담이랬고. 그러려면 세상 돌아가는 것도 잘 알아야 한댔고."

아이들은 잠자리에 들어서도 달문이 가르쳐 준 이런저런

내용들을 외우기에 여념이 없었다.

줄타기 재주인 어름 재주를 가르칠 때였다. 아직은 어린 아이들이 외줄에 오른다는 게 쉽지는 않을 거란 생각을 하며 달문은 아이들의 표정을 살폈다.

"연습을 하려면 높다란 외줄 위를 수시로 오르내려야 할 텐데, 이를 어쩐다?"

"에, 에, 에, 그 정도도 못 참으면 어떻게 광대 재주를 배울 수 있겠어요?"

새로운 재주를 배운다는 생각에 한껏 들떠 있던 서이가 눈을 동그랗게 뜨고 말했다.

"맞아, 맞아."

"외줄 위에서 먹고 자래도 좋으니까 그런 걱정일랑 꽁꽁 붙들어 매세요."

"만약에 오라버니들이 꾀를 부리거든 제가 업고라도 줄 위로 올라갈 거예요."

행여 어름 재주를 배우지 못할까 싶었는지 동이와 남이, 총총이도 입을 모았다.

"에오! 그렇다면야 지금 당장 배워 볼까나?"

아이들의 열의를 확인한 달문은 단숨에 줄 위에 올랐고,

앞으로가기를 시작으로 장단줄과 거미줄 늘이기, 뒤로 훑기, 콩심기, 양반걸음, 양반밤나무지키기, 녹두장군행차 같은 다양한 동작을 몇 번이고 반복해 보여 주었다.

팔풍무를 비롯한 살판 재주를 가르칠 때도 마찬가지였다.

"잘하면 살 판이고 못하면 죽을 판이란 뜻에서 땅재주 넘기를 살판이라고 한단다. 앞곤두와 뒷곤두, 번개곤두, 자반뒤집기, 팔걸음 같은 열한 가지의 동작으로 이루어졌다는 것도 꼭 기억해 두고!"

땅재주꾼인 살판쇠와 어릿광대인 매호씨가 주고받는 재담을 가르칠 때는 특유의 익살을 발휘해 가며 아이들의 호기심을 자극하였다.

철괴무처럼 탈을 쓰고 하는 덧뵈기 재주를 가르칠 때면 아이들과 어울려 놀이에 필요한 탈들을 만들었다. 그러고는 탈들 특유의 표정을 흉내 내며 아이들 얼굴에 번갈아 씌워 주기도 했다. 인형극인 덜미 재주를 가르쳐 줄 때도 아이들이 직접 등장 인형들을 만늘어 볼 수 있게 했다. 개똥이의 도움도 큰 힘이 되었다.

"누구 인형이 제일 멋있나 내기해 볼까? 이긴 사람은 한 달 내내 목말을 태워 줄 거고."

아이들의 흥미를 이끌어 낼 수 있는 일이라면 뭘 해도 좋았다. 그러다 보니 아무리 힘들고 지쳐도 재주 배우길 포기하는 아이가 없었다. 형, 아우 가리지 않고 서로의 부족한 부분을 채워 주었고 용기를 북돋워 주었다.

이제 슬슬 떠나 볼까나?

보름달이 휘영청 밝은 동짓달 밤이었다. 광교천변 둑길에 앉은 달문은 밤하늘을 우러러보았다.

"어느덧 나이 마흔이 코앞이로구나!"

조방꾼이로 명성이 높은 달문은 왕손과 장군뿐 아니라 새벽이면 양반집, 저녁이면 부잣집 연회에 가는 날도 많았다. 하루가 어찌 지나는지도 모를 정도로 바쁜 나날들이었지만 이제는 단 한순간도 잊지 않았던 일을 시작할 때라는 생각이 들었다.

"이제 슬슬 떠나 볼까나?"

"그럼! 그럼!"

달문의 판단이 옳다는 듯 휘영청 밝은 달이 더더욱 빛을 밝혔다. 그때였다. 개똥이가 잰걸음으로 달문에게로 다가왔다.

"달문‧오라버니!"

개똥이는 지금껏 혼인도 않고 기방 부엌에서 일하며 아이들을 돌보고 있었다. 달문은 얼른 옆자리를 가리켰다.

"이리로 앉지?"

"많이 기다렸지요? 이제야 부엌일이 끝났지 뭐예요."

개똥이가 가쁜 숨을 몰아쉬며 둑길에 걸터앉았다.

"오늘도 많이 힘들었나 보네?"

"오라버니 일에 비할까요. 늘 하는 일인걸요."

개똥이가 별일 아니라는 듯 어깨를 으쓱해 보였다.

"할 말이 있다셨지요?"

"다름이 아니라, 이제 다방골을 떠날까 하거든."

"정말이요?"

"응."

"사실은…… 언제 꼭 말씀드려야지 하고 있었는데요. 우리 아이들, 제 앞가림은 할 만큼 컸겠다, 춤이며 재주도 남들에게 뒤지진 않겠다 싶거든요. 그래서 이제는 아이들도 오라버니를 따라 방방곡곡을 다녀 보면 어떨까 싶어요."

누구보다도 달문의 뜻과 마음을 헤아릴 줄 아는 개똥이었다.

"나도 아이들을 데리고 다닐까 하고 있었는걸."

"정말이지요?"

"그래."

"아이들이 얼마나 좋아할지 눈에 선하네요."

개똥이가 배시시 웃으며 청계천변 쪽으로 시선을 주었다. 천변을 따라 다닥다닥 붙어선 판잣집들이 어렴풋이 눈에 들어왔다. 지붕은 바닥에 닿을 듯 낮았고 깁고 덧댄 벽들도 허름하기 짝이 없었다. 하지만 저 많은 집들 중 하나를 지키기 위해 얼마나 많은 땀과 눈물을 흘려야 했는지 모른다. 개똥이 자신과 아이들이 끼니를 나누고 지친 몸을 누일 수 있는 유일한 곳이 아닌가. 개똥이에게는 그 어떤 궁전과도 바꿀 수 없을 만큼 소중한 공간이었다.

"무턱대고 오라버니를 찾아갔던 오래전 기억이 지금도 또렷한 거 있지요."

"그날을 어찌 잊을까."

"그치만, 오라버니까지 조방꾸니로 나설 줄은 꿈에도 몰랐어요."

개똥이는 새삼 달문이 고맙고 또 고마웠다. 달문이 얼른 맞장구를 쳐 주었다.

"에오, 내가 좋아서 한 일인걸."

서너 살이나 되었을까. 많아야 예닐곱 살쯤 됨직한 아이들과 함께 지낼 생각이라며 기방 부엌에 소개 좀 시켜 달라며 찾아온 개똥이의 모습이 아직도 눈에 선했다. 아이들의 꾀죄죄한 몰골 또한 기억에 생생했다.

애처롭기 그지없는 아이들을 보며, 달문은 백지장도 맞들면 나을 거라고 속마음을 다졌다. 그랬기에 자신이 가려던 길을 기꺼이 접어 둔 채 조방꾸니로 나설 수 있었다. 양반과 부자들을 찾아다니며 연회를 주선하고, 기회가 될 때마다 잔칫상에 남겨진 밥과 반찬을 챙겨 아이들과 나눠 먹으며 풍물이며 춤과 재주를 가르쳐 주는 일에도 최선을 다했다.

"암튼 정말 정말 잘되었다 싶네요."

"기왕이면 개똥이 자네도 함께 하는 건 어떨까?"

"예에? 저는 춤이고 재주고 할 줄 아는 게 아무것도 없는걸요."

개똥이가 난처한 듯 익살스런 표정을 지었다.

"그게 아니고, 그동안 누구보다도 열심히 살았잖아. 덕분에 아이들도 재주를 익힐 수 있었고. 그간의 수고에 대한 상이라고 생각하고 이번 참에 방방곡곡 유람을 해 보는 것도 좋겠다 싶거든."

그제야 달문의 말뜻을 알아차린 개똥이는 호흡을 가다듬었다. 그러고는 오래전부터 품어 왔던 속마음을 털어놓았다.

"전 그냥 지금처럼 지낼까 해요."

"혼자 외롭지 않겠어? 기방 부엌일이 쉬운 것도 아닐 테고."

"아이들이 오라버니를 따라 나서고 나면 또 어딘가에 버려져 있을 아이들을 거둘까 해요."

"그렇구나!"

역시나 자그마한 체구지만 마음 씀씀이는 바다를 품고도 남음직한 개똥이었다.

"아직은 꿈에 불과하지만 제대로 된 집도 장만해서 조금이라도 더 많은 아이들을 거둘 수 있었으면 하는 바람도 있고요."

달문은 개똥이의 한마디 한마디가 그저 놀라울 따름이었다.

"참 예쁘다!"

조방꾸니로 일하는 동안 미모가 빼어난 기녀들을 수없이 보아 온 달문이있다. 하지만 그 어떤 기녀라도 개똥이의 마음 쏨쏨이를 따라올 수 없을 것 같았다.

"그럼! 그럼!"

휘영청 밝은 달빛도 개똥이의 머리를 가만가만 쓰다듬어 주었다.

달문은 박문수에게 예를 갖춰 인사했다.

"대감께 하직 인사 올립니다."

"뜬금없이 하직 인사라니?"

얼마 전 어영대장에 임명된 박문수였다.

"이제 다방골을 떠날 때가 되었지 싶습니다."

"따로 마음에 둔 일은 있고?"

"전국 곳곳을 유랑하며 놀이판을 펼칠까 합니다. 저 아래 남녘 바다에서 저 위 압록강까지 두루두루 다녀 볼 작정입니다."

"정말이렷다?"

박문수가 눈을 농그랗게 떴다.

"대감께 어찌 거짓을 아뢰겠는지요."

"정말 잘되었네. 아암, 잘되었고말고."

달문의 대꾸에 박문수는 연신 고개를 끄덕거렸다.

"이제야 말이지만 자네가 조방꾸니로 나섰단 얘길 듣고 얼마나 놀랐던지. 한 이틀은 잠도 이루지 못했던 듯하네."

연희꾼들 사이에서도 최고의 재주꾼으로 꼽히던 달문이 어느 날 덜컥 조방꾸니로 나섰을 때의 충격은 어떤 말로도 표현이 어려웠다. 그러면서도 분명 그럴 만한 이유가 있겠거니 싶어 굳이 내색을 하지는 않았다. 그 대신 연회가 있을 때면 으레 달문을 먼저 찾았다. 왕손들이며 조정 대신들에게 기방을 주도하는 달문의 솜씨와 위세를 소문내는 일에도 앞장을 섰다.

"대감께서 그동안 베풀어 주신 은혜를 이놈이 어찌 모르겠사옵니까. 하여 대감께 하직 인사를 올려야 마땅하겠다 싶어 이렇게 찾아뵌 것입니다."

"자네의 익살과 해학을 보며 웃음과 위안을 얻게 될 백성들의 모습이 눈에 선하네. 정말 고마우이."

"제가 드릴 말씀을 어찌?"

"그건 그렇고…… 앞으로 우리 집 연회를 누구에게 맡겨야 할지 막막하구먼."

박문수가 천연덕스레 너스레를 떨었다. 달문도 질세라 맞장구를 쳤다.

"글쎄올습니다. 아무리 눈을 씻고 찾아봐도 이놈만 한 조방꾸니가 있을 리 만무이지 싶습니다."

"푸하하하핫!"

너털웃음을 웃어 젖히던 박문수가 생각난 듯 달문의 총각머리로 시선을 주었다.

"헌데 아직도 혼인할 생각이 전혀 없는 겐가?"

"에오, 세월이 흘렀다 한들 저처럼 못생긴 남잘 좋아할 여자가 어딨겠는지요."

달문이 얽히고설킨 머리카락을 벅벅 긁었다. 그 바람에 길게 땋아 내린 머리가 새끼줄처럼 헐렁거렸다.

"집을 마련하는 것도 여전히 생각이 없고?"

"도성 안 부잣집만 해도 8만이 훌쩍 넘는다니 전국적으로 따지면 그 수가 얼마나 많겠습니까. 하루에 한 집씩만 다녀도…… 헤에, 죽을 때까지 다닌다 해도 반의 반도 다 돌아다닐 수 없지 않겠습니까?"

"자네 고집도 정말 내난하이."

박문수는 조정 대신들이 달문이 같은 생각을 가질 수 있다면 세상이 지금보다는 훨씬 살 만해질 거란 생각이 들었다.

"어쨌든 어디에 가든 건강히 잘 지내야 하네."

이번에 유랑을 떠나면 언제 다시 한양에 돌아올지 모를 일이 아닌가. 박문수는 달문의 모습을 가슴속에 깊이 새겨 두었다.

"대감께서도 늘 평안하십시오."

달문은 고개를 조아려 인사를 올렸다.

"봄바람이 참 좋구나!"

달문은 아이들을 데리고 마포 나루터로 갔다. 동이를 비롯한 아이들 모두 등거리*와 잠방이**에 남색 덧옷을 입은 놀이패 차림을 하고 있었다. 허리에 맨 홍색 띠까지 유랑에 나서는 아이들을 위해 개똥이가 지어 준 것들이었다.

"와아, 배다!"

"사람들도 많고."

"어라? 누렁소도 배를 타려나 봐. 송아지도 있네?"

"어디? 어디?"

"저어기 저쪽에 있는 나룻배 안 보여?"

---

* 등만 덮을 만하게 걸쳐 입는 홑옷.
** 가랑이가 무릎까지 내려오도록 짧게 만든 홑바지.

"진짜, 정말로 신기하다!"

나룻배와 사람들로 북적이는 주변 풍경에 동이도, 서이도, 남이와 총총이도 놀라움을 감추지 못했다. 처음 보는 나룻배들이 마냥 신기한 듯 사방을 두리번거릴 때마다 색고운 홍색 띠가 이리로 저리로 너울거렸다.

"아저씨! 우리도 얼른 배 타요. 네?"

총총이는 달문의 팔뚝을 잡아 흔들며 재촉했다.

"그래, 그러자꾸나."

달문이 나룻배로 다가가려 할 때였다. 나이 지긋한 장사꾼들이 긴가민가하며 달문을 힐끔거렸다.

"어어, 달문이 아냐?"

"그러게? 다방골에서 조방꾼이 노릇 하고 있다지 않았나?"

"그렇다고 달문일 꼭 빼닮은 이가 또 있을 리 없잖아?"

결국엔 장사꾼 하나가 나서서 달문에게 아는 체를 건넸다. 반가움에 목소리가 한껏 들떠 있었다.

"달문이! 이게 얼마 만인 게야. 여긴 어쩐 일이고?"

"방방곡곡 유랑을 다녀 볼까 싶어 배 타러 왔지요."

달문이 입술을 퉁, 내밀어 대꾸했다.

"뭣이라? 방방곡곡 유랑을 떠날 참이라고?"

달문의 재주를 다시 보게 되었다는 생각에 모두들 한껏 들떠 있던 참이 아닌가. 장사꾼들은 약속이나 한 듯 달문을 에워쌌다.

"혹시라도 재주를 펼치러 왔나 싶어 기대가 컸건만. 말도 안 돼!"

"자네 재주를 못 본 지도 십 년은 됐지 싶은데. 기왕이면 재주 좀 보여 주고 떠나면 안 되겠나? 뭐든 좋으니 하나만, 딱 하나만이라도 보여 주고 가게나."

"재주도 안 보여 주고 그대로 배를 타겠단 생각일랑 아예 마시게. 알겠는가?"

장사꾼들은 두 팔을 있는 대로 펼쳐 달문을 가로막았고 어깃장을 부리는 것도 서슴지 않았다. 뱃사람들과 손님들도 앞다퉈 몰려들었다.

"이러다 배 놓치겠다!"

"어어, 그러면 안 되는데."

남이와 총총이가 발을 동동 굴렀지만 소용없었다.

"어허, 자네가 재주를 안 보여 주면 나도 자넬 배에 태우지 않을 거네."

어느새 뱃사공까지 가세해 달문을 채근했다.

"에오! 달문이 보고 싶다면야 까짓 그러지요."

달문은 엄지손가락으로 콧방울을 퉁 튕겼다. 그러자 기다렸다는 듯이 동이와 서이가 징과 북을 얼른 챙겨 들었다. 발을 동동 구르던 남이와 총총이도 하는 수 없다는 듯 장구와 꽹과리를 챙겨 자리를 잡았다.

"시작해! 시작해!"

"얼른 해! 얼른 해!"

우르르 몰려 앉은 꼬마 녀석들이 박수를 쳐 가며 분위기를 띄웠다.

꼬마 녀석들의 환호에 화답하듯 달문은 당장 몸을 뒤로 젖히며 머리를 발에 갖다 대었다. 배꼽이 볼록 하늘로 치솟는 것이 마치 용이 꿈틀거리는 것만 같았다.

"와아, 용이다!"

"용이 나타났다!"

대번에 예서 제서 환호성이 터져 나왔다. 그러자 어느새 몸을 돌려 뒤집은 달문이 느닷없이 가슴을 획 바꿔 똑바로 서는가 싶더니 이내 거꾸러지듯 몸을 뒤틀어 섰다. 앞곤두과 뒷곤두, 번개곤두, 자반뒤집기, 팔걸음 같은 동작이 이어

지는 내내 사지에 뼈라고는 없는 것 같았다. 째진 눈은 사방을 흘겨만 볼 뿐 똑바로 보는 법이 없었고, 잔뜩 비뚤어진 입술도 흥에 취한 듯 제 맘대로 샐룩거렸다.

"역시나 달문이로세!"

"저러니 다들 보고 싶어 안달을 하는 거 아닌감. 세상천지에 저이를 따라올 광대는 없을 거네."

"옛날이나 지금이나 어쩜 저리도 끼와 익살이 넘칠까?"

나이 지긋한 장사꾼들은 달문에게서 눈을 떼지 못했다.

"저것이 그 유명한 팔풍무렷다!"

비단 도포를 차려입은 양반도 호기심을 이기지 못하고 고개를 쭉 빼들었다. 발뒤꿈치를 돋우는 것도 주저하지 않았다. 계집종을 데리고 다소곳이 걸음을 내딛던 규수도 쓰개치마를 슬며시 젖힌 채 달문의 모습을 핼금거렸다.

어느덧 나루터는 흥겨운 놀이판으로 변해 있었다. 장사꾼들도, 손님들도, 뱃사람들도 얼굴 가득 웃음꽃이 활짝 피어 있었다.

"아저씨 인기가 이렇게 높은 줄은 정말 몰랐는걸."

"어라, 괜히 나까지 어깨가 으쓱해지네?"

"달문 아저씨 최고다!"

동이와 아이들은 달문의 인기가 놀라울 따름이었다.

한바탕 놀이판을 벌이고 난 달문이 나룻배로 향할 때였다. 달문의 모습을 뚫어져라 쳐다보던 박지원이 아버지 박사유에게 물었다.

"아버지도 저 광대를 아세요?"

아버지와 함께 경기도 관찰사로 계시는 할아버지 댁에 다녀오는 길이었다. 나루터를 지나던 중에 달문의 모습을 보게 되었고, 좌중을 압도하는 달문의 재주에 감탄사를 연발하던 참이었다.

"그럼. 광대로 이름이 높을 뿐 아니라 거지 시절에 행한 의로운 행실도 장안에 소문이 파다할 정도였거든. 오죽하면 달문일 모르면 한양 사람이 아니라고들 했을까."

"진짜 대단한 자네요!"

"저리 흉측하게 생겼지만 의리와 신용만큼은 저일 따라올 자가 없다는구나."

"외모로 사람을 판단하는 것만큼 어리석은 일도 없다는 말씀이지요?"

"그렇지!"

"저이에 대한 이야기를 언제 꼭 글로 지어 보고 싶어요. 그 의로운 행실을 후세에 전하는 것도 의미가 있지 않을까요?"

"좋지!"

"그리고 지금 막 생각난 건데요. 저이에 대한 소문도 그렇고, 좌중을 압도하는 해학과 재주도 확실히 남다른 데가 있어 보입니다. 그래서 달문이란 이름 대신에 넓을 광 자를 써서 광문이라 이름 지을 생각입니다. 글 제목은 '광문자전'이라고 할 거고요."

"광문이? 광문자전? 정말 재밌겠는걸!"

갓 열 살을 넘겼을 뿐이지만 총기와 지혜, 재치가 뛰어난 박지원이 지어낼 달문의 이야기가 벌써부터 기대되는 건 어쩔 수가 없었다. 지원과 달문을 번갈아 보는 박사유의 눈가에 환한 미소가 번져 나갔다.

조선통신사 사절단을 만나다

아이들과 함께 한강을 따라 충주로 간 달문은 문경새재를 넘어 낙동강에서 다시 배를 타고 동래*로 향하였다. 그러면서 사람들이 오가는 길목이나 장터에 잠시 머물며 한바탕 놀이판을 벌였다.

멍석도 깔지 않은 놀이판인데도 달문을 알아보는 이들이 워낙 많다 보니 가는 곳마다 많은 구경꾼들이 모여들었고, 동이와 서이, 남이와 총총이도 저마다의 끼와 재주를 마음껏 펼쳐 보일 수 있었다.

마침내 동래에 도착한 다음 날이었다.

남이와 총총이가 성곽 귀퉁이에서 곱추춤을 연습하며 놀

---

* 부산의 옛 지명.

고 있을 때였다. 동이 또래쯤 되어 보이는 부랑아 여럿이 남이와 총총이를 막아섰다.

"어쭈? 어디서 굴러먹다 온 개뼈다귀들이 우리 허락도 없이 맘대로 놀고 있남. 것도 하고많은 춤 놔두고 병신들 흉내나 내면서?"

"이건 폐질*자를 놀려 주려는 춤이 아니랬어요. 위선적인 양반네들의 모습을 풍자하는 춤이래요."

"힘없고 가진 거 없는 백성들의 억눌린 욕구를 해학적으로 표현한 거고요."

뭘 어째야 할지 모른 채 남이와 총총이는 달문이 늘 강조하던 얘기를 엉겁결에 풀어내었다. 하지만 도리어 부아를 돋운 꼴이 되고 말았는지 부랑아들이 소매를 거칠게 걷어붙이며 덤벼들었다.

"어라? 꼴에 아는 척까지? 이것들을 그냥 화악!"

"아아니, 그러니까 그게 아니라요……"

남이가 다급히 변명을 하려 했지만 소용없었다. 총총이는 아예 땅바닥에 주저앉아 버렸다. 그때였다. 달문이 웃통을

---

* 폐질: 고칠 수 없는 병.

벗어 던지며 뛰어들었다.

"에오!"

"이건 또 뭐얏!"

부랑아들이 화들짝하며 뒤로 물러섰다.

"신 나게 금을 그읍시다. 금을 긋자고요."

그러거나 말거나 달문은 꼬꾸라지듯 돌멩이를 집어 들고는 땅바닥에 금을 그어 나갔다. 느닷없는 소동에 놀란 듯 풀벌레들이 우왕좌왕 어쩔 줄을 몰라 했다.

"자아, 내가 잘했다 생각하는 사람은 금 이쪽으로 서시지요. 아니다, 사실은 내가 잘못한 거다 생각하는 사람은 금 저쪽으로 서시고요."

금을 다 긋고 난 달문은 남이와 총총이 그리고 부랑아들을 번갈아 보며 희멀건 눈동자를 요리로 조리로 굴려 댔다.

"대체 뭐라는 거야?"

부랑아들은 뭐가 뭔지 모르겠다는 표정이었다. 남이와 총총이도 어리둥절히긴 마찬가지였다.

"헤에, 내가 잘했다 생각하면 금 이쪽으로, 내가 잘못했다 생각하면 금 저쪽으로 서라니까요?"

달문은 엄지손가락으로 콧방울을 통 팅겼다. 그러고는 금

이편과 저편을 뛰어다니며 입을 쩌억 벌려 주먹 두 개를 넣었다 뺐다 했다. 볼살이, 턱이, 어깨가 삐뚤빼뚤 요동을 쳐대도 개의치 않았다.

한순간 부랑아들이 웃음보를 터뜨렸다.

"파핫핫하, 정말 웃긴다!"

"아이고 배꼽아. 제에발, 그만 좀 웃겨요."

남이도, 총총이도 배꼽을 잡고 웃어 젖혔다. 뒤늦게 달려온 동이와 서이도 부랑아들과 눈을 맞추며 낄낄거렸다. 조금 전까지의 험악한 분위기는 온데간데없었다.

때마침 성으로 들어서던 조선통신사 일행이 무슨 일인가 싶어 사방을 두리번댔다.

"왜 저리 소란스러워? 정사 어른께서 보시면 한소리 하시지 싶구먼."

왜*로 떠나기 전, 무사 항해를 비는 해신제 준비를 위해 영가대**에 다녀오는 길이었다. 그 뒤를 따르던 동래 지역의 관료들과 상인들도 호기심에 고개를 길게 늘였다.

---

* 일본.
** 조선통신사가 부산에서 해신제를 지내던 정자.

"어, 저게 누구야?"

"광대 달문이 맞지?"

"다방골을 떠났다더니만 예서 다시 보게 될 줄이야!"

한양에서 온 사절단 일행들은 아이들에게 둘러싸인 달문의 모습에 반가운 표정을 감추지 못했다.

"어이, 달문이! 여긴 어쩐 일인가?"

"분명 꿈은 아니렷다!"

예인들의 반응이 특히 대단했다.

"에오, 달문이 그리 보고 싶으셨습니까?"

통신사 일행을 발견한 달문이 어기적어기적 다가와 인사를 했다. 그 모습을 위로 아래로 훑어 대던 젊은 상인이 일행들에게 귀엣말을 건넸다.

"저이가 그 유명한 달문이란 말이지요? 추악하게 생겼단 소문은 익히 들어 알고 있었지만 저 정도일 줄은 정말이지 생각도 못했지 뭡니까?"

"저래 봬도 얼마나 대단한 연희꾼인데! 아마도 우리 통신사에 속한 예인들을 다 합쳐도 저이의 끼와 재주를 따라갈 순 없을 거네."

"세종의 삼남이신 안평대군의 후손이라는 소문도 자자한

것을. 시와 글씨에 뛰어났던 분의 후손이라 그런지 예술적 끼가 확실히 보통을 넘는 거 같거든."

그런 말은 아예 말라는 듯 일행들은 동시에 손사래를 쳐댔다.

"나리들이야말로 예까지 어쩐 일이십니까?"

달문은 일행들을 둘러보며 입술을 위로 아래로 삐죽거렸다. 그중 하나가 얼른 답을 하였다.

"이번에 왜로 파견되는 통신사 자격으로 온 걸세. 이곳 동래에서 며칠 머물다 왜로 건너갈 예정이거든."

"바닷길을 가시려면 고생이 보통이 아니겠습니다."

"우리야 그렇다 치고, 달문이 자네야말로 여긴 어쩐 일인가?"

"방방곡곡 유랑이나 해 볼까 해서요."

"이곳엔 얼마나 머물 생각이고?"

"거야 모르지요."

달문이 알 게 뭐냐는 듯 대꾸했다.

"허면 일단 우리 숙소로 함께 가세나."

달문이 덜컥 떠나 버리면 어쩌나 싶었는지 말이 끝나기가 무섭게 재빨리 달문의 등을 떠밀었다. 이번에 떠나면 대여

섯 달은 족히 걸릴 터가 아닌가. 그러니 왜로 출발할 때까지만이라도 달문의 익살과 해학에 푹 빠져 지내면 소원이 없겠다는 생각에 다른 일행들도 가세해 달문의 등을 떠밀어 댔다. 그러자 아차 싶어진 동래 지역의 관료들과 상인들이 부랴부랴 끼어들었다.

"나리들께서야 그동안 저이의 재주를 실컷 보셨을 거 아닙니까? 그러니 이번엔 저희들에게 양보 좀 해 주십시오."

"허어, 우리도 달문이 재주를 구경 못한 지 오래일세. 자네들이야말로 우리가 왜로 떠나고 나서 봐도 늦지 않을 텐데 어째 이러나?"

"언제 여길 떠날지 모른다지 않습니까?"

사절단 일행이 쉬 물러서려 하지 않자 관료들과 상인들은 아이들을 부추겼다.

"가만, 너희도 이참에 산해진미를 실컷 먹어 보고 싶지 않느냐?"

"산해진미?"

"와아, 맛있겠다!"

산해진미라는 말에 서이도, 남이도, 총총이도 꿀꺽꿀꺽 군침을 삼켜 댔다. 동이 역시 은근슬쩍 군침을 삼키며 달문의 눈치만 살폈다. 달문은 온통 자신에게 쏠려 있는 아이들의 눈빛을 차마 모른 척할 수가 없었다. 딱히 정해 놓은 일정이 있는 것도 아니었다.

"중요한 건 누가 데려가느냐가 아니라 이놈의 재주를 보자는 것 아닙니까?"

"그거야 그렇지!"

사절단 일행도, 관료들과 상인들도 일제히 달문에게로 시선을 모았다.

"나리들께서 달문이 그리 보고 싶다 하시니 당분간은 이곳에 머물까 합니다. 이놈 주제에 언제 또 이런 호사를 누려 볼까 싶거든요. 그러니 괜한 걱정들일랑 그만 접으시지요."

"정말이렷다?"

"고맙네. 정말 고마우이."

"조금 있다 남문 쪽에서 놀이판을 벌일까 하거든요? 허니 일단 그리로들 오시지요. 어디로 먼저 데려갈지는 알아서들 정하도록 하시고요."

그제야 모두들 달문의 재주를 볼 꿈에 부푼 채 멈췄던 걸음을 서둘렀다.

"우리도 이제 가 볼까나?"

달문이 아이들을 남문 쪽으로 이끌려 할 때였다.
"저, 저기요!"
사절단 일행들 모습에 놀라 저만치 물러서 있던 부랑아들이 황급히 달문의 앞을 가로막아 섰다.
"어찌 이러나?"
"곱추춤이라는 게 병신들 놀려 주려는 춤이 아니라 위선적인 양반네들의 모습을 풍자하는 춤이라면서요? 힘없고 가진 거 없는 백성들의 억눌린 욕구를 해학적으로 표현한 거고요."
"어디 곱추춤뿐일라고. 춤이든 재주든 그게 다 삶의 애환과 설움을 풀고자 하는 해학인 게지. 어떤 이들에겐 웃음을 주기도 하는 거고."
달문의 입술이 힘차게 실룩샐룩거렸다. 그제야 부랑아 하나가 머리가 땅에 닿도록 넙죽 엎드려 청했다.
"저희도 곱추춤을 배우고 싶습니다. 제발 가르쳐 주십시오."
"내가 이곳에 얼마나 머물지 확실치도 않은 데다 재주라는 게 일이 년 익혀 되는 것도 아니거늘. 이리 막무가내로 덤빌 일은 아닌 거 같은데."
"사실은……"

달문의 일침에 부랑아가 마른침을 급히 삼켰다.

"사실은 저희들 모두 아주 어릴 때부터 남사당패를 따라다니던 광대였습니다. 그런데 아무리 발품을 팔고 재주를 부려도 끼니조차 거르기 일쑤고 하여 두 해 전쯤에 도망쳐 나왔지 뭡니까."

"그랬구먼."

광대들이 한바탕 놀이판을 벌이고 받는 구경값이라는 게 입에 풀칠하기도 힘들 정도라는 걸 누구보다도 잘 알고 있는 달문이었다.

"그런데 아까 잠깐 곱추춤 얘길 듣게 되었지 뭐예요. 솔직히 세상천지에 이리 황당한 춤이 또 있을까 싶어 곱추춤 따윈 아예 배울 생각도 해 본 적이 없었거든요. 그러니 그 당장은 별 같잖은 소리나 해 댄다 싶을 밖에요. 마냥 하찮게만 여겼던 춤과 재주가 그렇게나 값어치 있는 줄 정말 몰랐습니다. 그런데다 아저씨가 그 유명한 달문일 줄 어찌 알았겠습니까. 때미침 사질단 나리들이 나타나길래 기회는 이때다 싶어 도망을 치려 했거든요. 그런데 도무지 발이 떨어지지를 않는 거예요. 오히려 이번 참에 제대로 배우면 좋겠다는 생각만 간절해졌습니다. 더 늦기 전에 어떻게든 원래 자리로 돌아가야겠단 생각도 들고요. 그래서 이렇게 부탁을 드리는 것이니 부디 내치지 말아 주십시오."

"아저씨가 얼마나 명성이 높고 재주가 뛰어난 줄 모르는 건 아니지만, 기본이라도 익힐 수 있게 제발 도와주십시오."

"저희가 아까 한 짓도 있고…… 정말 염치도 없다 하겠지만 뭐든 하라는 대로 다 할게요. 간곡히 부탁드립니다."

다른 부랑아들도 목청을 높였다.

"저 형들, 정말 잘할 거 같아요."

"맞아, 맞아."

"아저씨가 많이 바쁘실 땐 제가 가르쳐 줘도 되지 않을까요?"

"저도 도울게요."

남이와 총총이가 끼어들더니 동이와 서이도 거들고 나섰다.

자신의 의지로 놀이판을 벗어났을지언정 가슴 한구석에 남겨진 재주에 대한 갈망만은 결코 버릴 수 없다는 걸 달문인들 모르지 않았다. 그러니 잠시 어긋난 저들의 걸음을 제자리로 돌려 세울 수 있게 도와주는 것도 중요한 일일 거라 믿었다.

"정히 그렇다면 조금 있다 남문 쪽 놀이판으로 오렷다."
"고맙습니다."
"열심히, 열심히 하겠습니다."
"아저씨 최고다!"
총총이가 넙죽 엎드려 절하는 부랑아들 주변을 팔짝팔짝 뛰어다녔다.

사절단 숙소로, 최 부잣집으로, 이 대감집으로, 김 행수 집으로…… 남문 쪽 공터에서 놀이판을 벌이고 난 달문은 자신을 청하는 곳을 두루 다니며 아이들과 함께 연희를 펼쳤다. 사람들은 너나없이 달문의 익살과 해학에 감탄했고 상다리가 휘어지도록 진수성찬을 대접하였다.
"와아, 고기가 입에서 살살 녹아요."
"이렇게 맛있는 생선은 처음 먹어 봐요."
달문은 동이와 아이들이 맛있는 음식을 먹으며 좋아라 하는 모습을 볼 때면 먹지 않아도 배가 불렀고, 자신도 모르게 자꾸만 웃음이 나왔다.
머리가 땅에 닿도록 넙죽 엎드려 곱추춤을 가르쳐 달라고 청했던 칠복을 비롯한 부랑아들을 가르치는 일에도 최선을 다했다. 장소도 마땅치 않고 시간도 턱없이 부족했지만 동작 하나하나에 온 힘을 다하는 부랑아들을 보노라면 피로 따윈 온데간데없었고, 하나라도 더 가르쳐 주고 싶은 마음뿐이었다.

그렇게 가을이 가고 겨울이 가고 봄이 지났다. 그런데도 달문의 인기는 도무지 식을 줄을 몰랐다. 하루가 멀다 하고 이 집 저 집으로 초대되어 갔고 구경 온 모든 사람들과 웃음을 나누었다.

더위가 한창이던 어느 날이었다.

"긴히 드릴 말씀이 있습니다."

달문과 마주 앉은 칠복의 표정이 밝았다.

"좋은 일이라도 있었나 보네?"

"아저씨께서 대감댁 연회에 가셨을 땐데요. 저희가 있던 남사당패의 우두머리이신 꼭두쇠 영감이 찾아왔었습니다."

"많이 반가웠겠구먼."

"네. 저희들이 도망치는 바람에 그동안 무척이나 고생이 많으셨던 모양입니다. 그렇다고 마냥 손을 놓고 있을 수도 없고 해서 이쪽 지역을 다니며 놀이판을 벌이던 중에 우연히 저희들 소식을 듣게 되었답니다. 그리 재주가 뛰어난 달문에게 곱추춤을 배우고 있다니 그 실력이 오죽 뛰어나겠냐며, 이제라도 남사당패로 돌아와 주었으면 하시네요."

"그래서 뭐라 답을 했는지 궁금한데?"

달문이 일부러 입술을 요리로 조리로 삐죽거리는 시늉을 했다.

"저희들 덕분에라도 남사당패가 활기를 되찾는다면 당연히 그리 해야 하지 않을까 싶습니다. 어릴 적부터 한솥밥을 먹었던 이들과 함께할 수 있는 것만큼 좋은 게 없다 싶기도 하고요. 어쨌든 아저씨께 먼저 허락을 받는 것이 순서일 거 같아 그 당장 답을 하지는 않았습니다."

"내 허락이 뭐 그리 중요할까."

"아직은 배울 게 더 많다는 걸 어찌 모르겠습니까. 그래서 아저씨께서 갈 길도 미루고 있다는 것도 잘 압니다. 그런데도 저희들 욕심만 차리느라 아저씨를 마냥 붙잡고 있었던 것도 사실이고요. 그러니 이번만큼은 아저씨께서 하라는 대로 하는 것이 도리일 듯싶습니다."

칠복은 달문에게 늘 미안할 수밖에 없었던 속내를 고스란히 꺼내 보였다.

"……"

"말씀을 듣고 싶습니다."

"……"

"부디 말씀해 주십시오."

"자네들의 춤과 재주라면 누구에게도 절대 뒤지진 않을 것이네. 그러니 이제부터는 놀이판을 직접 다니며 구경꾼들과 호흡을 맞추는 것도 좋을 듯싶거든. 당장에 꼭두쇠 영감께 기별을 넣어도 좋을 것이야."

긴 침묵 끝에야 달문이 입을 열었다. 표정도 목소리도 진지하기 이를 데 없었다.

"정말…… 정말 고맙습니다. 그동안 베풀어 주신 은혜에 보답하기 위해서라도 반드시 많은 이들에게 위로와 안식을 줄 수 있는 광대가 되겠습니다. 춤이든 재주든 그 모두가 삶의 애환과 설움을 풀고자 하는 해학이라는 말씀도 결코 잊지 않을 테고요."

"곱추춤을 추든, 다른 재주를 보이든, 그 안에 자신의 혼을 담아낼 수 있을 때 익살과 해학이 비로소 생명력을 얻을 수 있음 또한 한순간도 잊어서는 안 되네."

"명심하겠습니다."

칠복은 정중히 무릎을 꿇고 앉았다. 그러고는 허리를 조아려 절을 올렸다. 벅찬 감동에 목소리가 울먹거렸다.

"어디에 있든 저희의 진정한 스승으로 기억할 것입니다."

"헤에, 이거 쑥스럽구먼."

얼마쯤 지났을까. 언제 그랬냐는 듯 달문은 평상시의 표정과 목소리로 돌아와 있었다. 칠복도 덩달아 헤벌쭉 웃었다.

"동이와 동생들이 많이 섭섭해 하겠지요?"

"누구보다도 총총이가 많이 섭섭해 할 거네."

"그러게요. 동이와 서이, 남이도 그렇지만 그리 총명하고 재기 넘치는 누이동생이 곁에 있어서 얼마나 행복했는지 모릅니다."

춤을 가르쳐 달라고 달문에게 청하던 날부터 지금껏, 한결같이 힘이 되고 위안이 되어 주었던 저들이었다. 그간의 시간들을 되짚어 보는 칠복의 입가에 잔잔한 미소가 피어올랐다.

"참, 저희들이 떠나고 나면 어디로 향하실 생각이십니까?"

"글쎄, 해안을 따라 전라도 쪽으로 넘어가 볼까나? 산등성을 타넘어 볼까나? 나도 길 모르겠는데?"

"어디에 가시든 부디 평안하십시오."

"자네들이나 나나 방방곡곡을 누비노라면 언제 어디서든 또다시 만날 날이 있지 않겠는가? 그러니 영영 이별은 아닐 것이라 믿네."

"에오! 아무래도 그렇겠지요?"

칠복이 엄지손가락으로 콧방울을 퉁 퉁기며 달문을 흉내 내었다.

달문은 아이들을 데리고 다시 유랑 길에 나섰다.

"산을 타고 갈까나? 바다를 끼고 걸을까나?"

"산이요!"

"바다요!"

앞서 걷던 남이와 총총이가 목청 높여 외쳤다. 달문은 제 옆에 바짝 붙어서 걷는 서이의 옆구리를 툭 건드렸다.

"서이, 너는?"

"전 바다도 좋고 산도 좋은데요."

서이가 뒷머리를 긁적이며 씨익 웃었다. 달문은 자신의 뒤를 따라 걷는 동이를 잠깐 돌아다보았다.

"동이 네 생각은 어떠냐?"

"전 한걸음에 백두산을 오르고 싶습니다."

마치 백두산 산봉우리가 보이기라도 하는 듯 동이가 먼 하늘가를 올려다보았다. 불끈 쥔 두 주먹이 다부졌다.

"그래, 백두산에도 꼭 올라 보자꾸나."

달문은 동이에게 고개를 끄덕여 주었다.

"아저씨, 저어기 마을이 있어요. 사람들도 보이고요!"

저만치 앞서 가던 남이가 뒷걸음질을 치며 들판 저쪽을 가리켰다. 달문과 동이를 번갈아 보는 표정이 한껏 들떠 있었다.

"빨랑 오세요. 동이 형도!"

"그럼 일단 마을로 들어가 보자꾸나. 어디로 갈지는 그때 생각해도 늦지 않으렷다!"

달문의 걸음이 힘찼다. 그 뒤를 따르는 동이와 서이의 발걸음도 힘이 넘쳤다.

그렇게 달문은 발길 닿는 대로, 마음이 가는 대로, 방방 곡곡을 두루 돌아다녔다. 장터든 사람들 발길이 뜸한 길목이든 가리지 않고 놀이판을 벌였고, 어느새 발 디딜 틈조차 없이 모여든 구경꾼들을 위하여 끼와 재주를 아끼지 않았다.

동이와 아이들도 저마다의 춤과 재주를 마음껏 펼쳐 보였다. 한 회, 한 회, 놀이판의 횟수가 더해질수록 재주는 원숙해져 갔고 익살과 해학도 더더욱 풍부해졌다.

대역 죄인은 오라를 받아라!

날이 가고 달이 가고 계절이 여러 번 바뀌어도 달문은 유랑을 멈출 줄 몰랐다.
　하루는 청천강을 거슬러 올라 의주 통군정*에 올랐다.
　삼각산 꼭대기에 위치한 통군정은 발아래로 압록강이 흐르고 만주 벌판이 한눈에 담기는 관서팔경 중 하나였다. 더욱이 청나라 사신들이 왕래하는 요지이다 보니 시도 때도 없이 잔치가 벌어지곤 하였다.
　"저 강을 따라가노라면 백두산에 닿을 수 있다셨지요?"
　"그렇다네."
　동이와 함께 압록강을 굽어보고 있을 때였다. 달문을 알

---

* 평안북도 의주 압록강변 삼각산 위에 있는 누각.

아본 청나라 사신들이 앞다퉈 재주를 청해 왔다.

"이렇게 만난 것도 인연인데 잠깐이라도 재주 좀 보여 주면 안 되겠나?"

"하무, 하무. 광대 달문의 재수를 보지 못한다면 제아무리 빼어난 절경인들 눈에 들어오겠는가? 멋들어진 기녀들인들 무슨 소용이고?"

"달문이 보고 싶다면야 까짓 그럽시다!"

달문은 흔쾌히 팔풍무와 철괴무, 곱추춤 등을 펼쳐 나갔다.

청나라 사신들은 저토록 빼어난 광대를 가진 조선의 백성들이 부럽고 부러울 따름이었다.

"휘장 안에는 비단 치마 늘어앉고 촛불 아래 대피리 줄풍류* 난만하다. 봉두난발에 귀밑머리 튀어나와 반절에 기운이 펄펄 넘치네. 뜰 앞에 온갖 춤 어우러지고 술잔을 받아 마셔 얼굴은 불그레하네."

역관 자격으로 잔치에 참석해 있던 시인 홍신유 역시 달문의 모습을 묘사한 「달문가」를 지어 달문의 재주를 예찬하였다.

---

* 현악기로 연주하는 풍류.

마침내 한바탕 재주를 펼치고 난 달문이 자리를 뜨려 할 때였다. 사신들이 황급히 달문을 막아 세웠다. 청나라 백성들에게도 달문의 재주를 보여 주고 싶다는 간절함 때문이었다.

"이참에 우리와 함께 북경으로 가는 건 어떻겠나? 내 장담하건데 북경 거리가 온통 자네의 재주를 보러 몰려든 인파로 뒤덮이고 말 것일세."

"북경의 금은보화란 금은보화는 모조리 자네 차지가 될 테고!"

여차하면 달문의 바짓가랑이라도 붙잡고 늘어질 기세였다. 그러나 압록강에서 여전히 눈을 떼지 못하는 동이의 애절한 마음을 달문이 어찌 짐작치 못할까.

"동이야, 어서 가자꾸나!"

달문은 사신들의 간곡한 청을 단호히 뿌리치고는 백두산을 향해 내처 걸음을 내디뎠다.

백두산 천지에 오른 동이는 천지에 비치는 하늘을 곰곰이 보았다.

"어머니! 아들 동이가 백두산에 올랐습니다. 보이시지요?"

백두산에도 꼭 올라 보라 했던 어머니의 유언을 마침내

지키게 되었다는 설렘에 목소리가 가늘게 떨렸다. 그 모습을 지켜보던 달문과 아이들도 다소곳이 머리를 조아렸다.

"부디 평안하십시오."

한참 만에야 천지에서 물러서는 농이의 표정이 더없이 평온했다.

"아저씨 덕분입니다. 진심으로 고맙습니다."

동이는 먼저 달문에게 정중하게 고마움을 표했다.

"어머니도 많이 기뻐하실 게야."

달문이 동이의 어깨를 토닥여 주었다. 동이는 서이

와 남이, 총총이에게도 고마운 마음을 전했다.

"아우들도 고마워."

"우리가 한 게 뭐가 있다고……"

"한솥밥을 먹는 식구끼리 새삼스럽긴."

서이와 남이가 쑥스러운 듯 고개를 모로 꼬았다. 그런 중에 총총이가 불쑥 앞으로 나섰다.

"오라버니네 부모님들이 산사람이셨댔지요?"

"응! 이곳 산들을 누비며 나물도 캐고 약초도 캐셨다나 봐. 그런데 그건 왜?"

"이리로 오면서 생각해 봤는데요. 기왕 여기까지 올라온 참에 봉우리, 봉우리들을 다니며 산사람들을 위해 놀이판을 펼치면 어떨까 싶거든요?"

"그렇잖아도 나도 그런 생각을 했있는데?"

"어? 나도!"

서이와 남이가 놀란 표정을 감추지 못하며 소리쳤다.

"누구보다도 어머니가 제일 좋아하시지 않겠어요?"

아주 잠깐 하늘가를 올려다보는 총총이의 눈동자가 별빛처럼 총총히 빛났다.

"나야 무조건 찬성이지!"

동이는 넌지시 달문을 바라보며 동의를 구했다. 서이와 남이, 총총이도 달문에게 시선을 고정시켰다.

청나라 사신들의 청을 뿌리치고 이곳 산을 오르는 동안 산사람들 무리와 여러 번 마주쳤다. 워낙에 험하고 거친 산중이라지만 산등성을 따라 내딛는 걸음들이 어찌나 힘겨워 보였는지 모른다. 그런데도 그들은 하늘이 허락한 만큼의 산채와 약초에 만족해 했다. 그렇듯 자연의 섭리에 순응하며 나물을 캐고 약초를 캐는 모습은 경이롭기까지 했다. 그런 그들의 걸음걸음에 힘이 되고 위안이 될 수 있다면 더 바랄 게 무얼까 싶었다. 무엇보다도 아이들 스스로가 선택한 걸음을 마다할 이유가 없었다.

"에오! 이곳 산들을 다 돌고 나서 백두대간 산줄기를 따라 금강산까지 가 보는 것도 좋을 테지?"

달문은 산등성이를 휘휘 둘러보았다. 그러자 총총이가 서이와 남이와 눈을 맞추며 함빡 웃었다.

"와아, 아저씨 최고다!"

"어머니도 지켜봐 주세요."

천지를 돌아다보는 동이의 눈에 하늘이 담뿍 담겨 있었다.

그즈음, 경상도 개녕* 땅의 수다사는 하루도 조용할 날이 없었다. 얼마 전부터 시도 때도 없이 공양간을 들락거리며 밥을 얻어먹고 있는 자근만이라는 거지 때문이었다.

표정도 말투도 도무지 정이 가지 않는 거지였다. 염치라고는 눈을 씻고 찾아봐도 없는 데다 능글맞기 또한 따라올 자가 없었다.

"고향이 어딘지는 아느냐?"

---

* 경상북도 김천의 옛 지명.

"그런 거 없거든요?"

"몇 살인지도 모르고?"

"쳇, 당연한 걸 왜 묻는담."

주지 스님이 묻는 말에도 성가신 티만 픽팍 낼 뿐이었다.

어느 날, 저녁밥을 얻어먹은 지 얼마 지나지도 않아 자근만은 또다시 공양간을 기웃거렸다.

"풀떼기만 먹고 뭔 힘이 난다냐."

여차하면 감자 한 톨이라도 훔쳐 먹을 욕심에 있는 대로 까치발을 세우고 있을 때였다. 때마침 스님들 여럿이 모여서 두런거리고 있었다. 자근만은 벽으로 납작 붙어 귀를 쫑긋 세웠다.

"지난번 왔을 때 봤던 춤이며 재주가 아직도 눈에 선한 게 사람들이 왜 달문이, 달문이, 하는지 알겠더라고."

"그러니 다들 달문이 그이의 재주를 다시 볼 날만 손꼽아 기다리는 거 아니겠어?"

"재주도 뛰어나지만 의리와 신용도 그일 따라갈 사람이 없다잖은가. 요즘 세상에 그런 사람도 드물 게야."

모두들 달문을 칭찬하기에 바빴다.

'젠장, 스님들까지 달문이 타령이잖아?'

요즘은 어디를 가나 온통 달문이라는 광대 얘기뿐이었다. 그러다 보니 아직 한 번도 본 적은 없지만 달문이 어떤 사람이라는 것쯤은 자근만도 잘 알고 있었다.

'가만! 여태 혼인도 않고 총각으로 산다 했겠다?'

저토록 달문을 칭찬하고 보고 싶어 하는 스님들을 속여먹기란 식은 죽 먹기보다도 쉬운 일이었다. 달문의 이름을 팔기만 해도 맛있고 좋은 것들을 더 많이 얻어먹을 수 있을 거란 생각을 하며 자근만은 불쑥 앞으로 나섰다.

"스님들이 왜 울 아버지 이름을 들먹거린대요?"

"아버지?"

"누가? 달문이?"

스님들 모두 어안이 벙벙한 표정이었다.

"그렇다니까요."

"총각이 어찌?"

"그이한테 아들이 있단 얘긴 금시초문인걸?"

"날 낳아만 놓았지 한 번도 거들떠본 적이 없었거든요. 그러다 아무래도 들통이 나겠다 싶었는지 날 버리고 그대로 내뺀 거란 말이에요."

자근만은 실눈을 더 가늘게 뜨며 눈물을 질질 흘리기까

지 했다.

"그랬구나, 그랬어."

"달문이 그이가 피치 못할 사정이 있었을 거야. 허니 행여 섭섭해 하진 마라."

"그이 아들이라니 우리라도 챙겨 줘야 하지 않을까. 예서 편히 지내도록 주지 스님께도 말씀드릴 테니 아무 걱정 말렸다."

"힘든 일이라도 생기거든 언제든 말하고."

스님들은 측은지심으로 자근만을 바라보았다.

"배가 너무너무 고픈데 먹을 것 좀 없어요?"

자근만은 짓무른 눈가를 쓰윽 훔치며 공양간을 힐끔거렸다.

역모에 가담할 자들을 모으러 경상도 곳곳을 다니던 이태정은 수다사 경내를 기웃거렸다. 혹시라도 나라에 불만을 가진 스님들이 없을까 싶어 이곳까지 찾아온 길이었다.

스님들 여럿이 뺀질뺀질하게 생긴 녀석에게 먹을 것을 건네주고 있었다. 옳다구나 싶어진 이태정은 어슬렁어슬렁 스님들 쪽으로 다가갔다.

"너 주려고 일부러 챙겨 온 것이니 어서 먹어 보려무나."

"이깟 풀떼기나 갖다 주면서 웬 생색이래요?"

"주지 스님 드실 것도 부족한 판에 겨우겨우 마련한 것이니 행여 섭섭해 하진 마라."

먹을 걸 받아 드는 녀석의 반응이 어찌나 시큰둥하던지 스님들이 되레 미안해 어쩔 줄을 몰라 했다. 녀석을 바라보는 눈길에도 다정함이 잔뜩 배어 있었다.

"쳇, 기름기 좔좔 흐르는 것 좀 먹어 봤음 소원이 없겠구먼."

녀석은 스님들이 듣든 말든 하고 싶은 말을 거침없이 지껄여 댔다.

"어쭈, 저놈 좀 보게?"

얻어먹는 주제에 하는 꼴은 양반 댁 도령도 부럽지 않을 정도였다. 궁금증을 이기지 못한 이태정은 마침 곁을 지나가던 동자승을 급히 불러 세웠다.

"대체 어떤 댁 도령이기에 스님들께 저리 후한 대접을 받는 것이냐?"

"자근만이라는 거지인데 광대 달문의 아들이거든요."

동자승도 부러워 죽겠단 표정이었다.

'달문이 아들이라고?'

광대 달문이 총각이라는 건 이태정이라고 모를 리 없었다. 그런데도 달문의 아들이라는 황당한 거짓말을 지어내 저토록 후한 대접을 받고 있지 않은가. 그러니 저 녀석을 잘만 이용하면 역모에 가담할 동조자를 구하는 것쯤은 일도 아닐 터였다.

'달문이라면 모르는 이가 없을 테고!'

그렇잖아도 역모를 계획한 지 오래였다. 하지만 역모에 가담할 사람들을 모으는 일이 결코 쉽지 않았다. 누군지도 모르는 이태정 저를 어찌 믿고 따르겠냐며, 가는 곳마다 만나는 사람들마다 손사래를 치며 도망치기 일쑤였다.

'그러니 달문을 주동자로 내세우면 다들 믿거라 하고 따르지 않겠어?'

이태정의 눈빛이 희번덕거렸다.

스님들이 예불을 드리러 간 틈을 타 이태정이 자근만을 은밀히 불러 세웠다.

"달문이 네 아버지라고?"

"그렇지요."

"정말이렷다?"

"그렇다니까요."

"달문이 정녕 네 아버지란 말이지?"

"평생 속고만 살았나, 원."

몇 번을 물어봐도 자근만은 눈 하나 깜짝 안 하고 거짓말을 했다.

"그럼 날 좀 도와줄 테냐?"

"뭔데요?"

"뭐 별 건 아니고, 날 작은아버지라고 불러 주면 어떻겠냐?"

"맨입으로요?"

"그럴 리가! 그리만 해 주면 평생토록 부귀영화를 누릴 수 있게 해 주마."

"정말이요?"

자근만은 이게 웬 떡인가 싶었다.

"약속하마."

"정말이지요?"

"어쩨 속고만 살았나, 원."

이태정은 자근만이 했던 말을 흉내 내며 코웃음 쳤다. 그러더니 따라오든 말든 알아서 하라는 듯 휑하니 몸을 돌렸다. 자근만을 흘깃거리는 눈초리가 야비하기 짝이 없었다.
"작은아버지, 저도 같이 가요!"
자근만은 이태정을 따라 황급히 절을 빠져나왔다.

동이가 그토록 소망해 오던 백두산에 올랐던 달문과 아이들은 백두대간 산줄기를 따라 금강산 봉우리, 봉우리들을 두루 돌아다녔다. 그러면서 단 한 명의 산사람이라도 보일라치면 당장 놀이판을 벌여 산사람들의 지친 걸음을 위로해 주었다.
"어째 걸음이 자꾸만 이리로 향한다 했더니만 하늘님께서 우리네 고달픈 삶을 위로해 주시려 했나 봅니다."
"눈과 귀가 이토록 호강을 하니 먹지 않아도 배가 다 부르네요."
"덕분에 올 한 해가 무사 무탈할 것 같은 예감이 드는 게, 힘이 절로 나는구먼. 정말이지 고맙고 고마울 따름일세."
놀이판을 보고 난 산사람들은 너나없이 벅찬 감동을 감추지 못하며 행복에 겨워 뜨거운 눈물을 흘리기도 했다.
그렇게 금강산 굽이굽이를 타 내려온 달문은 작정했던 말을 꺼냈다.

"유랑 길에 나선 지 어언 십수 년이 흘렀구나. 개똥이 소식도 궁금코 하니 이제 한양으로 돌아가자꾸나."

"개똥이 아줌마도 많이 변하셨을 테지요?"

동이가 좋아 어쩔 줄을 몰라 했다.

"아줌마 만날 생각을 하니 왜 이리 설렌대요? 아무래도 오늘 밤은 한숨도 못 잘 것 같습니다."

"아줌마가 아니었음 우리들 모두 어찌 되었을지…… 그 생각만 하면 요즘도 문득문득 가슴이 먹먹해지는 거 있지요. 특히나 유랑 길 떠나는 우리들을 위해 놀이패 옷까지 정성껏 지어 주셨잖아요. 몇 날 며칠을 잠도 잊은 채 한 땀 한 땀 바느질을 해 나가던 모습은 죽는 날까지 결코 잊지 못할 거예요."

"난 이번에 가거든 다신 아줌마랑 떨어지지 않을 생각이에요. 아줌마가 하는 일도 돕고 호강도 많이 많이 시켜 드릴 거고요."

"나도 그럴 생각인데?"

"두말하면 잔소리지!"

어엿한 어른으로 성장한 서이와 남이, 총총이도 흥분을 감추지 못했다. 달문은 버려진 아이들을 위해 살고 싶다던 개똥이의 모습을 떠올리며 환하게 웃었다.

"에오, 개똥인 좋겠다."

"아저씨도 우리랑 같이 지내실 거 아니에요?"

"맞아, 맞아. 제아무리 천하의 아저씨라 해도 우리도 없는 놀이판이 무슨 흥이 나시겠어요?"

"아저씨도 저희와 같은 생각인 거 맞지요?"

"암튼, 어쨌든, 개똥이는 정말 좋겠네!"

엄청난 일이 자신을 기다리고 있는 줄 꿈에도 모른 채, 달문은 마음이 먼저 한양을 향해 달려가고 있었다.

영조 40년 새해가 밝았다.

겨울바람도 아랑곳 않고 한양에 도착한 달문과 아이들은 개똥이를 찾아 내처 다방골로 향하였다.

때마침 기방 부엌에서 일하고 있던 개똥이를 보자 감격을 이기지 못한 아이들은 땅바닥에 엎드려 큰절부터 올렸다.

"저희들 돌아왔습니다. 절 받으십시오."

"다들 돌아와 주었구나."

개똥이가 기쁨에 겨워 눈물을 흘렸다. 그러자 달문을 알아본 기방 행수가 달문과 아이들을 기어이 방으로 이끌었다.

"호호호호, 여기서 이러지 말고 방으로 들어가시지요? 먼 길 오느라 많이 지쳤을 텐데 식사라도 한 끼 대접하고 싶네요. 부디 사양치 마시고요."

"그래, 내가 최고로 맛있게 만들어 줄게!"

개똥이도 덩달아 달문과 아이들의 팔을 잡아끌었다.

"개똥이 아줌마한테 해 줄 말이 산더민데, 왜 여태 안 들어오시지?"

"부엌일 좀 마무리 짓고 들어올 거랬으니 그리 오래 걸리진 않을 테지요?"

"아, 배도 부르고 등까지 따뜻해서 그런가. 잠이 막 쏟아지는걸."

모처럼 진수성찬으로 배를 채운 아이들은 누가 먼저랄 것도 없이 뜨듯한 아랫목을 차지하고 누워, 개똥이가 들어오기만을 기다리며 시나브로 곤한 잠에 빠져들었다.

"얼마나 피곤했으면⋯⋯ 오늘만 날도 아닐 테고, 그냥 자게 두세요."

한참 만에야 방으로 들어서던 개똥이는 혹시라도 아이들이 깰까, 발끝을 세우며 달문을 밖으로 이끌었다.

달문과 개똥이는 광교천변 둑길에 나란히 앉았다.

"어쩐지 지난밤 꿈에 오라버니와 아이들이 보인다 했어요."

"길고 긴 세월, 아이들 소식이 궁금하진 않았고?"

"오라버니 인기가 워낙에 높잖아요. 덕분에 소문을 통해서긴 해도 오라버니와 아이들 소식을 줄곧 들을 수 있어 얼마나 좋았게요. 길 떠나고 얼마 후엔가, 동래에서 조선통신사들도 만나고 후한 대접도 받을 수 있었다면서요. 얼마 전에는 의주로 갔다가 백두산에도 올랐다 했고요. 이런저런 소식이 들릴 때마다 아이들이 참 잘하고 있구나 싶어 얼마나 든든했게요."

"그랬다니 다행인걸."

달문은 뒤통수를 긁적거렸다.

"오죽하면 동이도 그렇고 서이와 남이, 총총이 모두 어엿한 어른이 된 모습이 전혀 낯설지가 않더라니까요."

"우리도 그만큼 나이 든 걸 테고."

"참! 여러 해 전에 박문수 대감께서 세상을 뜨셨는데, 소식은 들으셨지요?"

"백성들을 위해 그토록 애쓰시던 어사 나리께서 돌아가

셨다며 방방곡곡 눈물바다를 이루지 않은 곳이 없었을 정도였는걸. 나 역시도 꽤나 오랫동안 스산한 마음을 추스를 수가 없었고."

광대에 불과한 달문을 격의 없이 내해 주던 박문수였다. 조방꾸니로 나선 자신을 왕손과 조정 대신들에게 소개해 주었고, 유랑 길에 나설 때엔 진심 어린 응원을 아끼지 않았었다. 그렇듯 자신을 각별히 대해 주었던 박문수의 죽음은 달문을 무기력하게 만들기에 충분했다. 하지만 그럴 때면 자네 덕분에 웃음과 위안을 얻게 될 백성들 모습이 눈에 선하다던 그의 말을 떠올리며 더더욱 흥을 내었다.

"그런 거 보면 세월이 참 무상하지요?"

개똥이가 배시시 웃었다. 세월을 껴입은 얼굴인데도 눈빛만큼은 달라지지 않았다.

"개똥이 자네야말로 요즘 어찌 지내는 게야? 아이들과 함께 지내는 거고?"

달문은 생각난 듯 청계천 쪽으로 시선을 주었다. 개똥이도 판잣집으로 시선이 가는 건 어쩔 수 없나 보았다.

"얼마 전 저곳을 나왔는걸요. 지금은 북한산 끝자락에서 아이들과 함께 지내고 있고요."

"북한산 끝자락이라니?"

"오라버니와 아이들이 떠나고 얼마 지나지 않아 버려진 아이들 여럿을 다시 거두게 되었어요. 하지만 오라버니도 안 계시고, 솔직히 저 혼자서 뭘 어째야 할지 막막한 선 어쩔 수가 없더라고요. 그런데 동이와 저 아이들이 그랬듯이 언제부턴가 아이들 스스로가 서로를 살피고 챙겨 주면서 제 나름의 기술도 익혀 가더라고요. 갖바치 일에 대장간 일에 목수 일에…… 아직 많이 서툴긴 해도 광대 재주를 배우는 아이들도 있고요. 그런 중에 목수 일을 배우던 아이 말이, 북한산 자락 외진 곳에 제법 넓은 땅이 버려져 있다면서 그곳에 집을 짓는 건 어떻겠느냐 하더라고요. 자기가 책임지고 지어 보겠다나요. 그리만 되면 더 많은 아이들을 거둘 수 있겠다 싶어 우선은 그쪽에 움막을 짓고 지내면서 사방 벽도 세우고 지붕도 얹고 있거든요. 다른 아이들도 함께 거들고 있으니 머잖아 제대로 된 집이 완성되지 않을까 싶어요."

개똥이가 잠시 숨을 골랐다.

"자네의 진심을 아니까 다들 최선을 다할 수 있는 게지."

바로 이 자리였나 보다. 함께 유랑 길에 나서자는 달문의 청에, 그냥 이곳에 남아 제대로 된 집이라도 장만하여 버려진 아이들을 좀 더 많이 거두고 싶다 하지 않았던가. 달문은 보름달이 휘영청 밝은 동짓달 밤에 개똥이와 나누었던 이야기가 기억에 생생했다.

"다행히 주변에 묵정밭*이 널려 있지 뭐예요. 열심히만 하면 우리가 먹을 찬거리 정도는 거둘 수 있겠다 싶어 밭 개간에도 힘을 쏟고 있어요."

"그런 중에 기방 일까지 다니느라 얼마나 힘들었을꼬!"

"부엌일이 딱히 힘든 건 아니지만, 사실은 북한산 산자락에 집을 짓기 시작하면서 이젠 그 일에만 전념하는 것도 나쁘지 않겠단 생각을 했었거든요. 그러면서도 혹시라도 오라버니나 아이들이 한양에 돌아왔다가 절 찾지 않을까 싶어 지금껏 기방 일을 놓지 못하고 있었어요. 그런데 다들 이렇게 돌아와 주었으니 이제 슬슬 기방 일을 정리해도 되겠다 싶네요."

"그랬구나, 그랬어."

달문은 개똥이의 말 한마디 한마디가 그저 놀라울 따름이었다.

* 오래 내버려 두어 거칠어진 밭.

"아무튼 오라버니가 오신 거 알면 아이들도 무척 좋아할 거예요. 다들 소문으로 듣던 오라버니의 춤과 재주를 보고 싶어 하거든요. 배우고 싶단 애들도 줄을 섰고요."

"동이와 아이들도 앞으론 자네를 도우며 살 거라던걸."

"호호, 좋아라!"

개똥이는 두 손을 모아 잡으며 좋아서 어쩔 줄을 몰라 했다. 그러더니 느닷없이 허리를 세우며 달문을 채근했다.

"가만? 그러지 말고 동이와 아이들이 깨거든 당장이라도 함께 가 봐요! 집 짓는 것도 보고 아이들도 보고요."

"그 전에 꼭 다녀올 데가 있거든? 그런 다음에 함께 가자고."

개똥이의 채근에 달문은 난처한 기색을 감추지 못했다. 개똥이도 짐작이 가는 곳이 있긴 했다.

"꼭 다녀올 데라면 혹시?"

"으응, 천석깽 무덤에 들렀다 올까 하거든."

달문의 저 마음을 어찌 모를까. 개똥이는 달문과 눈을 맞추며 배시시 웃었다.

"그럼 조심해서 다녀오세요. 깽이한테 제 안부도 전해 주시고요."

"얼른 다녀올게."

달문은 한걸음에 천변 둑길을 내려섰다.

길목 초입에 기녀들이 몰려서 있었다. 달문이 다방골에 나타났다는 소문이 삽시간에 퍼져 나간 때문이었다.

"소문대로 정말 고약하게도 생겼네요."

"생긴 건 저래도 저이의 익살과 해학을 따라올 광대가 없다니까!"

달문을 처음 보는 기녀도, 오래전부터 달문을 보아 온 기녀도 잔뜩 흥에 들떠 있었다.

기방 행수들 역시 달문을 눈으로 따라잡기에 바빴다.

"두 해 전이지? 주상께서 사도세자를 뒤주에 가두어 죽게 한 일로 도성 안이 어우선하기만 한 것이 통 살맛이 안 났었는데. 달문이 덕분에라도 웃을 일이 많아졌으면 좋겠네. 이참에 다시 조방꾸니로 나서 주면 더 바랄 게 없을 테고."

"그리만 되면 무슨 걱정일까."

"가만? 누구든 나서서 저이의 의중을 떠봐야 하지 않겠어? 괜히 미적거리다 운종가 상인들만 살판나는 거 아닌가 몰라?"

"그랬단 다방골은 졸지에 텅 비고 말 텐데."

행수들이 달문을 조방꾸니로 끌어들이고 싶어 안달을 낼 때였다. 때마침 다방골로 향하던 별감 무리들이 걸음을 서두르는 달문을 향해 소리쳤다.

"어이, 달문이! 기왕이면 재주 좀 보여 주지?"

"저희도 보고 싶어요! 네? 네?"

기녀들까지 손나발을 해 가며 외쳐 대니 모른 척 지나칠 수만은 없을 것 같았다. 달문은 급한 마음을 접어 둔 채 잠시 걸음을 멈추었다.

"지금은 제가 좀 일이 있어서 말이지요. 다음에, 다음에 꼭 보여 드리겠습니다!"

"그게 언젠데?"

"글쎄요, 열흘쯤 뒤랄까요?"

"열흘씩이나? 말도 안 돼!"

"열흘을 어찌 기다린대요?"

별감과 기녀들이 앞다퉈 탄식을 쏟아 냈다. 달문은 재빨리 시간을 계산해 보았다. 천석깽이 무덤에 다녀와 아이들까지 보고 오려면 아무래도 사흘은 족히 걸릴 것 같았다.

"정히 그렇담 사흘 후면 되겠지요?"

"사흘? 정말이렷다?"

"정말이지요? 약속했어요!"

별감들도, 기녀들도 목청껏 외쳐 댔다.

"그럼 사흘 후 저기서 뵙도록 하지요."

달문은 멀찍이 보이는 공터를 가리켰다. 평소 놀이판을 벌이거나 특별장이 열리곤 할 만큼 너른 공터였다.

"사흘만 기다리면 달문의 재주를 볼 수 있다니. 호호호호, 설마 꿈은 아니겠지?"

"꿈이거든 제발 깨지나 말았으면!"

"난 아예 지금부터 자릴 잡고 기다릴 테다."

"맞다! 분명 너도나도 소문을 듣고 몰려들 테니 아무래도 그러는 게 낫겠구먼."

재차 걸음을 서두는 달문이 보이지 않게 되고도 별감들과 기녀들 모두 한참 동안 자리를 뜨지 않았다.

달문은 주위를 둘러볼 겨를도 없이 육조 거리를 가로질렀다.

"오호! 어딜 저리 급히 간대요?"

달문을 알아본 사람들이 하나둘 걸음을 멈추며 몰려들었다. 그때였다. 무장을 한 의금부의 나장 무리가 달문을 겹겹이 에워쌌다.

"게 서지 못할까?"

칼과 창을 치세워 달문의 목을 겨누기까지 했다. 아무리 배운 게 없다 해도 도둑이나 사기꾼 같은 일반 죄인들을 다루는 포도청과는 달리, 의금부는 임금의 명을 받들어 대역 죄인 같은 중죄인들을 주로 다루는 기관이라는 걸 어찌 모를까. 달문은 영문을 몰라 하며 나장들을 휘휘 둘러보았다.

"에오, 의금부 나장들께서 이 무슨 행패랍니까?"

"뭐, 뭐야?"

"대체 무슨 일이래?"

몰려선 사람들도 어안이 벙벙한 채 나장들을 요리조리 살펴 댔다. 때를 맞춘 듯 의금부 도사가 불쑥 앞으로 나섰다.

"대역 죄인은 오라*를 받아라!"

호령 소리가 매서웠다.

"대역 죄인?"

달문은 하마터면 폭소를 터뜨릴 뻔했다.

"역모의 주모자인 이달문을 의금부로 압송하라는 주상

---

* 도둑이나 죄인을 묶을 때에 쓰던, 굵고 붉은 줄.

전하의 엄명이시니라."

"역모요? 주모자라니, 누가요? 제가요? 주상 전하의 엄명은 또 뭐고요?"

달문은 휘둥그레진 눈으로 의금부 도사에게 바짝 다가갔다. 도사가 움찔, 달문의 시선을 피했다.

"전국 방방곡곡을 유랑하고 다닌다기에 대체 어디로 잡으러 가야 하나 막막하던 참에 이렇게 자진해서 나타날 줄이야. 덕분에 수고를 덜게 되었구나."

도사는 입가를 쓰윽 훔치며 비아냥거리기까지 했다. 그러더니 나장들을 향해 재차 호령을 해 댔다.

"도망치기 전에 서둘러 체포하지 않고 뭐하는 게야!"

"네이!"

나장들이 덮치듯 달려들며 달문을 오랏줄로 꽁꽁 묶었다. 저항할 겨를조차 없었다.

"제가 꼭 다녀올 데가 있어 그러니 잠시만, 잠시만, 풀어 주십시오. 제발! 제발! 부탁드립니다."

달문이 아무리 애원해 봐도 소용없었다. 젊은 선비가 보다 못해 앞으로 나섰다.

"도사 어른! 달문이 저이가 대체 무슨 죄를 지었다는 거요?"

"거참, 역모의 주모자라 하지 않았소?"

"놀이판에서 재주나 펼치며 살아가는 광대가 역모를 꾀했다니, 그게 말이 되오?"

"나야 주상 전하의 명을 받들 뿐이거늘. 사대부 양반께서 일개 광대 따위에게 어찌 이리도 관심을 보인답니까?"

"박지원이 쓴 『광문자전』을 아시지요? 다른 사람도 아니고, 달문이 저이가 그럴 리 없지 않겠소?"

달문을 주인공으로 하여 쓴 『광문자전』을 어찌 모를까. 그런데도 도사는 일부러 버럭 고함을 쳤다.

"대역 죄인을 당장에 끌고 가지 않고 뭣들 하는 게야!"

서슬 퍼런 표정이었다.

"부디 별일 없어야 할 텐데……"

의금부 나장들에게 끌려가는 달문의 모습을 지켜보는 젊은 신비의 눈빛에 걱정과 연민이 가득했다.

"달문이 저이가 역모를 주도한 대역 죄인이라니 그게 말이 돼?"

"살다 살다 별꼴을 다 보네그려."

"에고고, 달문이 대역 죄인이면 내 손에 장을 지질 거네!"
"정말이지 참으로 살맛 안 나는 세상이로세!"
다른 사람들도 탄식을 금치 못했다.

광대 달문을 함경도 땅으로
유배토록 하라

역모 사건의 판결을 앞두고 희정당*의 분위기가 무거웠다.
"이번 역모의 내막을 소상히 말해 보렷다!"
영조는 판의금부사를 채근했다.
"이번 역모의 주모자인 이태정이 나라에 불만을 가진 자들을 모으러 경상도 땅을 돌아다닐 때였답니다. 역모에 가담할 자들을 통 모으지 못해 애를 태우던 차에 수다사에 들렀던 모양인데, 그곳에서 밥을 빌어먹던 자근만이란 자가 달문의 아들을 사칭하며 스님들로부터 후한 대접을 받고 있는 광경을 목격하게 되었답니다. 이태정 역시도 전국 방방곡곡 달문을 모르는 이가 없을 뿐더러 의리와 신용에 관한 한 그를

---

* 창덕궁에 있는 편전으로, 조선 후기에 국왕이 평상시에 거처하던 곳이다.

따라올 자가 없다는 걸 모르지 않던 터이다 보니 이참에 달문을 주모자로 내세우기만 하면 역모에 가담할 자들을 모으는 것쯤은 일도 아닐 거란 판단을 했던 모양이옵니다."

판의금부사는 잠시 숨을 돌리고는 차분히 말을 이었다.

"이태정은 그 즉시 자근만에게 접근해 자신을 작은아버지라고 불러 주면 평생 부귀영화를 누릴 수 있게 해 주마 하였답니다. 그러고는 자신은 달문의 동생이고 자근만은 달문의 아들이라 칭하고 다녔던 모양입니다. 덕분에 얼마 지나지도 않아 그렇듯 많은 이들을 끌어 모을 수 있었다 하옵니다. 다행히도 부귀영화를 누리게 해 주겠단 이태정의 약속이 자신을 끌어들이기 위한 수작에 불과했다는 걸 눈치챈 자근만이 역모를 실행에 옮기려는 찰나에 관아에 밀고해 왔던 것이랍니다."

"고작 광대에 불과한 자의 이름에 혹해 그토록 많은 이들이 역모에 가담을 하였다?"

영조는 미간을 잔뜩 찌푸린 채 혼잣말을 주절거렸다. 그 모습을 핼금거리며 쳐다보던 판의금부사는 서둘러 말을 이었다.

"그런데 달문이 역모의 주모자로 체포되었다는 소식이 전해지면서 평생을 총각으로 산 달문에게 어찌 아들이 있을 수 있겠냐며, 달문의 무관함을 주장하는 항변들이 줄을 잇게 된 것입니다. 혹시라도 증인이 필요하거든 기꺼이 나서겠노란 이들도 부지기수였다고 하옵니다. 더욱이 전하의 연이은 친국*에도 달문은 대체 무슨 일인지조차 모르는 기색이 역력한 데다, 달문이 억울한 누명을 쓰고 체포되었다는 소문이 퍼져나가면서 나라 안이 온통 들끓는 판국이다 보니 서둘러 양쪽 모두를 한자리에 불러 놓고 조사를 벌였던 것입니다. 그 결과 달문은 이번 역모와 아무런 연관이 없다는 사실과 함께 이 모두가 이태정이 꾸민 거짓말에 불과했다는 걸 비로소 밝혀 낼 수 있었습니다."

판의금부사가 참았던 숨을 길게 내쉬었다.

"모든 게 이태정이란 자의 거짓말에 불과했단 말이렷다? 광대 달문은 이번 역모와 아무런 관련이 없고?"

영조는 혹독한 고문으로 인해 만신창이가 되었던 달문의 모습을 떠올렸다. 죽음의 문턱을 넘나들며 내지르던 비명소리가 지금도 귓가에 쟁쟁했다.

* 임금이 중죄인을 몸소 심문하던 일.

"지방 관아들의 전언에 따르면 민심의 동요가 심상치 않은 모양이옵니다. 하오니 이제라도 달문을 방면하심이 마땅한 줄 사료되옵니다."

"이제 와서 달문의 무죄를 만천하에 알리란 말이렷다? 다시 말해 군왕인 내가 이태정이란 자의 거짓말에 놀아났음을 만천하에 알리라는 말일 테고?"

"사실이 그러……"

영조의 눈빛이 어찌나 싸늘하던지 아차 싶어진 판의금부사는 재빨리 입을 다물고 말았다.

"명색이 판의금부사라는 이가 어찌 그런!"

어떤 변명을 갖다 붙인다 해도 이태정이란 자의 거짓말에 놀아난 것은 사실이었다. 그런데도 달문을 순순히 풀어 주고 만다면 군왕으로서의 권위 따윈 온데간데없을 게 분명했다. 광대 주제에 온 나라를 떠들썩하게 만든 죗값 또한 치르도록 해야 마땅하단 생각도 들었다. 영조는 장안에 떠도는 달문에 관한 소문들을 기억해 보았다.

벌써 여러 해 전에 박지원이 『광문자전』을 지었고, 그 이야기를 읽은 사람들 중에 신의를 지키고 허욕을 부리지 않는 달문의 모습을 칭송하지 않은 이가 없었다 했다. 게다가 안평대군의 후손이라는 소문도 사그라들지 않았다.

그러니 언제 어떤 불손한 무리들이 달문을 앞세워 반란을 도모하려 할지 모를 일이었다.

'그런고로 그를 결코 이대로 풀어 줄 수는 없을 터렷다!'

마음 같아서야 달문을 극형에 처한다 해도 성에 찰 리 없었다. 하지만 자신의 아들인 사도세자를 죽인 지 겨우 2년이 지났을 뿐이었다. 괜스레 백성들을 자극해 군왕의 권위에 먹칠하는 일은 더 이상 없도록 해야 할 것 같았다.

'어떤 명분을 내세우면 합당할 꺼나?'

영조의 머릿속이 이런저런 생각으로 들끓었다. 같이 있던 홍봉한이 때맞춰 끼어들었다.

"주상 전하께 아뢸 말씀이 있습니다."

"말해 보게."

"외람된 말씀이오나 혹시 근래에 궁 밖에 나가 보신 적이 있으신지요?"

"궁 밖에?"

영조는 웬 뜬금없는 소리인가 싶었다. 그러면서도 사도세자의 장인이면서 자신의 의중을 누구보다도 잘 헤아릴 줄 아는 홍봉한을 지그시 바라보았다.

"그렇사옵니다."

"근래엔 통 기억이 없네만 그건 어찌 묻는 것이냐?"

"오래전부터 장안 곳곳을 다니다 보면 광대 달문의 모양새를 흉내 낸 파락호*들이 심심찮게 눈에 띄지 않았습니까?"

"그랬지."

그들을 생각하면 영조도 눈살이 절로 찌푸려졌다.

"그런데 언제부턴가 그 수가 급격히 늘어난다 싶더니 이번 역모 사건이 있고부터는 아예 무리를 지어 다니기까지 하고 있사옵니다. 나이가 들었음에도 상투를 올리지 않고 총각머리를 길게 늘어뜨린 모습도 그렇고, 넝마나 다름없는 옷차림도 그렇고, 제아무리 자신들이 좋아 그런다고는 하지만 그처럼 괴상망측한 차림이야말로 풍속을 손상시키는 일임에 틀림이 없는데도 말입니다."

홍봉한은 잠시 말을 멈춘 채 영조의 의중을 재차 확인해보았다. 아니나 다를까. 영조는 역시 고개를 주억거릴 뿐이었다.

"엄밀히 따져 보면 이번 역모 사건 역시도 그렇듯 풍속을

---

* 세력이나 재산이 있는 집안의 자손이면서 허랑방탕한 생활을 일삼는 난봉꾼.

해하고 허랑방탕한 생활을 일삼는 파락호들의 영향이 결코 적지 않았을 것이옵니다. 그렇지 않고서야 어찌 광대에 불과한 달문의 이름을 내세워 그처럼 엄청난 대역죄를 꾀할 수 있었겠나이까. 그뿐이 아니옵니다. 이태정이나 자근만이란 자도 달문의 괴상망측한 모습을 흉내 내고 다니며 사람들을 끌어모았다지 않습니까. 그런 만큼 비록 역모에 연루된 일은 없다지만 광대 달문이야말로 이번 난리의 근본임에 틀림이 없을 것이옵니다. 하오니 이번 기회에 아예 뿌리를 뽑아내심이 마땅하다 사료되옵니다."

"풍속을 해하는 파락호들에게도 그만한 본보기가 없으렸다?"

그제야 영조가 잔뜩 찌푸렸던 미간을 풀었다. 홍봉한은 안도의 한숨을 삼키며 허리를 조아려 아뢰었다.

"지당하신 말씀이옵니다."

"부디 통촉하여 주시옵소서."

눈치만 살피던 판의금부사도 머리를 한껏 조아렸다.

마침내 영조는 승지에게 명하였다. 일흔의 나이가 무색하리만치 목소리에 힘이 넘쳤다.

"역모의 주모자인 이태정을 즉시 사형에 처할 것을 명하노라. 또한 광대 달문은 승려도 아니고 속인도 아니면서 인심을 미혹해 역적 이태정이 그 모습과 말투를 본뜨게 하였다. 하여 비록 본 사건에는 연루된 일이 없으나 사람 자체로 말하자면 난리의 근본임에 틀림이 없을 터, 광대 달문을 함경도 땅으로 유배토록 하라."

"명을 받자와 즉시 거행토록 하겠나이다."

"그리고 한 가지 더!"

영조는 잠깐 호흡을 가다듬었다.

"하명하시옵소서."

"이 시간 이후로 나이가 많은데도 머리를 땋아 내린 자가 있거든 적발되는 대로 엄히 다스릴 것을 선포하노라!"

승지는 사람 자체가 난리의 근본임에 틀림이 없다는 좀 전의 하명도 그렇지만 나이가 많은데도 머리를 땋아 내린 자는 엄벌에 처하라는 명이 가당키나 한 하명인지 어안이 벙벙할 뿐이었다. 하지만 자신을 흘깃 쳐다보는 홍봉한의 눈빛에 떠밀려 꼬꾸라지듯 허리를 조아려 아뢰었다.

"저, 전하의 분부 받잡겠나이다."

"성은이 망극하옵니다."

"성은이 망극하옵나이다."

홍봉한과 판의금부사도 허리를 더더욱 조아렸다.

도성 안이 봄꽃 향기로 가득했다.

포승줄에 묶인 달문은 의금부 감옥을 나와 도성 밖으로 향하였다. 달문의 양옆으로는 칼과 창으로 무장한 나장들이 줄을 지어 걸으며 사방을 살피기에 여념이 없었다. 달문을 유배지인 함경도 경성 땅까지 호송하는 동안 사람들의 접근을 철저히 차단하라는 하명 때문이었다.

"젠장, 고작 광대 하나 호송하면서 이리 유난을 떨 게 뭐람."

"고작 광대 하나가 아니라 달문이니까 그렇지."

"아무리 그렇다고, 누구든 가까이 오려는 자가 있거든 그 즉시 잡아들이라니. 대역 죄인도 이렇게까지 유별을 떨진 않을 거네."

"쉿! 괜스레 눈 밖에 나서 좋을 게 뭐 있겠나. 그러니 우린 암말 말고 시키는 대로만 하자고."

달문의 호송을 맡게 된 나장들의 불만이 이만저만이 아니었다. 달문을 힐끗거리는 눈초리에도 원망의 빛이 가득했다.

마침내 달문이 머나먼 변방으로 쫓겨 간다는 소문이 퍼져 나갔는지 거리마다 사람들이 삼삼오오 모여 서 있었다.

하지만 삼엄하기 이를 데 없는 경계 탓에 어느 누구도 달문에게 다가갈 엄두를 내지 못했다. 달문이 저이가 이번 난리의 근본이라는 게 대체 무슨 뜻인지 모르겠다느니, 나이가 많은데도 머리를 땋아 내린 자는 엄벌에 처할 거라니 살다 살다 별 소릴 다 들어 본다느니, 행여 들킬세라 귓속말을 속닥이는 게 고작이었다.

그렇듯 팽팽한 긴장감 속에서 두 팔을 뒤로 묶인 채 내딛는 달문의 발걸음은 무겁기만 했다.

하루가 멀다 하고 이어지는 친국과 고문 탓에 달문은 몸도 마음도 만신창이가 되었다. 더욱이 천석깽이에게 얼른 다녀오마던 자신을 영문도 모른 채 기다리고 있을 개똥이와 아이들 생각만 하면 가슴이 갑갑해져 견딜 수가 없었다. 사흘 후 재주를 보여 주겠다던 약속도 지킬 수 없게 되었다. 오죽하면 차라리 거짓 자백이라도 해 버릴까 싶은 적이 한두 번이 아니었다. 그러던 중에 생전 본 적도 없는 이태정이란 사와 한자리에서 조사를 받게 되었을 땐 이제 드디어 감옥을 나갈 수 있게 되었다고 믿어 의심치 않았다. 그런데 석방은 고사하고 머나먼 변방으로 유배를 가야 한다니 하늘이 무너지고 땅이 꺼져 버리는 것만 같았다.

달문은 한 걸음 한 걸음 내디딜 때마다 대체 자신이 뭘 잘못했다는 건지 알 수가 없어 속이 타 들어갔다. 억울한 누명을 썼건만 이제 떠나면 언제 다시 돌아올 수 있을지 알 수 없어 막막하기만 했다. 어쩌면 다시는 돌아올 수 없을지도 모른다는 생각에 한숨이 절로 났다.

"안 된다니까!"

그렇게 얼마쯤 갔을까. 나장의 고함 소리가 느닷없이 귀청을 때렸다. 달문은 화들짝 놀라 소리가 나는 쪽으로 몸을 돌렸다. 맨 뒤쪽의 나장 하나가 제 허리춤에도 못 미치는 사내아이의 어깨를 잡아 흔들며 윽박지르는 게 보였다.

"잠깐요."

"안 된다고 했지?"

"아주 잠깐이면 돼요. 네?"

"어허, 절대 안 된다고!"

"대체 이 녀석이 왜 이런다냐?"

"너도 잡혀가고 싶으냐?"

다른 나장들까지 거들고 나섰다. 그런데도 사내아이는 주먹만 한 찹쌀떡 한 덩이를 내밀어 보이며 애원했다.

"이것만 전해 줄게요."

"이깟 게 뭐라고!"

화가 머리끝까지 난 나장이 사내아이의 어깻죽지를 거칠게 밀쳐 버렸고, 그 바람에 아이는 들고 있던 찹쌀떡과 함께 땅바닥으로 패대기쳐지고 말았다.

"안 된다면 안 되는 줄 알아야지. 한 줌도 안 되는 녀석이 뭔 억지인 게야?"

분을 이기지 못한 나장은 찹쌀떡을 냅다 걷어찼다.

"달문 아저씨가 먼 데까지 간다기에 배고플까 봐 먹고 싶은 것도 꾹 참고 가져온 건데……"

아이가 기다시피 하며 저만치 내동댕이쳐진 찹쌀떡을 재빨리 집어 들었다. 그러고는 흙투성이가 된 찹쌀떡을 소매 끝으로 털어내며 왈칵 울음을 터뜨렸다. 그때였다. 포승줄로 꽁꽁 묶인 달문은 나장들을 밀치며 아이에게로 다가갔다.

"달문이 보고 싶구나?"

달문은 엎어질 듯 꼬꾸라질 듯 아이 앞에 쪼그려 앉았다. 당황한 아이가 엉떨결에 고개를 까딱거렸다.

"꼼짝 마!"

"어디서 수작이야?"

뒤늦게 상황을 파악한 나장들이 창과 칼을 겨누며 달문

에게 달려들었다. 당장이라도 창칼을 휘두를 기세였다.

"어? 어? 왜 저런대?"

"죽으려고 작정한 거 아냐?"

"누가 좀 말려 봐요."

멀찌감치 떨어져 달문을 지켜보던 사람들 틈에서도 고함과 비명이 터져 나왔다. 몇몇은 아예 자리를 피해 줄행랑쳤다. 그런데도 달문은 꼼짝도 할 수 없게 뒤로 묶인 제 팔을 재빨리 아이 쪽으로 돌려 보였다.

"그런데 하필 이 꼴이라 말이지."

무슨 소린지 모르겠다는 듯 아이의 눈이 휘둥그레졌다. 달문은 아주 잠깐 아이와 눈을 맞추었다. 그러고는 한쪽으로 비틀어진 입을 쩌억 벌리며 아이의 손에 들린 찹쌀떡을 날름 집어넣었다.

"에오, 내 주먹이 여기 있었구나!"

"어, 어, 흙투성이에 뭉개진 건데?"

아이가 놀라 어쩔 줄을 몰라 했다. 창칼을 겨누고 있던 나장들도 당황한 채 달문의 입술만 쳐다보았다.

달문은 주먹을 입에 넣었을 때처럼 입을 쩍 벌린 채 찹쌀떡 덩이를 좌로 우로 위로 아래로 마구 굴려 댔다. 입술

이 덩달아 실룩샐룩 춤을 추더니 눈과 볼따구니가 장단에 맞춰 실룩샐룩거렸다. 포승줄에 묶인 어깨도 질세라 흥겹게 춤을 춰 댔다.

"와아, 진짜네?"

사내아이가 눈물 콧물로 범벅이 된 얼굴을 훔치며 웃어 젖혔다. 아이를 윽박지르던 나장도 코웃음을 치는가 싶더니 더는 못 참겠다는 듯 와락 웃음보를 터뜨렸다. 창칼을 겨누었던 나장들도, 멀찍이 떨어져 서 있던 사람들도 배꼽을 잡으며 웃음바다를 이루었다.

"거참 맛도 좋구나."

달문은 그제야 주먹만 한 찹쌀떡을 꼭꼭 씹어 삼켰다. 그러더니 째진 눈을 휘휘 돌리며 아이 쪽으로 어깨를 기울였다. 길게 땋아 내린 총각머리가 이리로 저리로 출렁거렸다.

"달문이 실컷 봤지?"

"네에."

"달문이 보니까 좋지?"

"그럼요!"

"헤에, 그럼 나장 아저씨들 때문에 많이 놀랐을 테니 어서 집으로 가거라."

"맞아요. 정말, 진짜로 무서웠어요."

"찹쌀떡 고맙다!"

"히이."

아이가 제 몸에 묻은 흙먼지를 털어 내며 획 하니 몸을 돌렸다. 걸음걸이가 의기양양했다.

"이제 그만 가셔야지요?"

달문은 여전히 웃음을 참지 못하고 있는 나장들을 휘휘 둘러보았다.

굽이 길을 돌자 서대문이 보였다.

길 곳곳이 도성을 드나드는 사람들로 넘쳐났고, 성곽 아래로 줄지어 선 나무들은 봄 향기를 뿜어내기에 여념이 없었다.

"혹시 저기 저 사람들 아는 사람들인가?"

나장 하나가 달문의 옆구리를 툭 치며 아는 체를 건넸다. 달문은 엉겁결에 나장이 가리키는 쪽으로 턱을 치세웠다.

"아!"

성곽 문 바로 옆 길가에 개똥이와 동이, 서이, 남이와 총총이가 나란히 서 있는 게 보였다. 모두들 옷을 정갈히 차려입은 모습이었다. 달문은 저도 모르게 그 자리에 우뚝 서고 말았다.

"대체 뭐하는 거야?"

"달문에게 작별 인사라도 하려는 게지."

나장들도 주춤주춤 걸음을 멈추었다.

"부디 잘 다녀오십시오."

개똥이가 무명저고리 옷섶을 가다듬고는 달문을 향해 큰절을 올렸다. 동이와 서이, 남이와 총총이도 따라 큰절을 올렸다.

"저희들이 기다리고 있다는 거 하시라도 잊지 마십시오."

동이가 울먹거렸다. 달문은 몇 번이고 고개를 끄덕여 보였다.

"해도 지려 하는데 서둘러야 하지 않겠어?"

잠시 후, 맨 앞에 선 나장이 호송 행렬을 돌아다보며 소리쳤다. 그제야 달문은 차마 떨어지지 않는 발걸음을 애써 재촉하였다.

서대문을 지나서 얼마쯤 갔을까. 달문은 산기슭 멀리로 보이는 공동묘지를 슬며시 올려다보았다.

"깽아, 다음을 기약하자꾸나."

"왕초 형님! 기다릴게요."

하늘가 어디에선가 천석깽의 웃음소리가 울려 퍼졌다.

역시 달문이로구나!

이듬해 9월의 어느 날이었다.
"달문이, 나 왔네."
막둥이 영감이 달문의 움막을 찾아왔다.
"오셨어요?"
"잘 지냈고?"
"덕분에 잘 지내고 있습니다."
"그렇다니 다행이네. 헌데 겨울도 멀지 않았고 하니 언제 날을 잡아 지붕이라도 좀 손봐야겠구먼."
막둥이 영감은 다 허물어져 가는 움막 지붕으로 눈이 설로 갔다.
"그렇잖아도 조만간 그래 볼까 하던 참이었습니다."
"손이 필요하겠거든 언제든 말하고."

"달구 총각이 거들겠다 했으니 걱정 놓으십시오."

"잘되었네. 참, 며칠 전에 주변 산을 뒤지다 귀한 산나물을 잔뜩 구했지 뭔가. 자네도 좋아하겠다 싶어 챙겨 와 보았네."

막둥이 영감이 챙겨 온 산나물 바구니를 움막 바닥에 내려놓았다.

"늘 신세만 지고 있네요."

"신세라니! 그리 말하면 내가 되레 섭섭한걸? 백두산 곳곳을 떠돌며 다닐 적에 자네 덕분에 우리네 산사람들이 얼마나 행복했게. 아무리 배운 거 없고 가진 거 없는 산사람이라지만 그 은혜를 어찌 잊을 수 있겠는가."

달문이 사는 움막은 산사람들조차 꺼려 할 만큼 외지고 험악한 산중에 있었다. 사람들의 접근을 철저히 차단하라는 엄명에 따라 이곳 관리들이 달문의 거처를 제한했기 때문이었다. 그런 중에도 달문과 인연이 닿았던 산사람들의 발길이 틈틈이 이어지고 있었다. 직접 채취한 산나물이나 약재는 물론이고 인근 바다에서 구한 비린 것들을 챙겨다 주었다. 막둥이 영감도 그들 중 한 사람으로 얼마 전부터 인근 산에 머물며 주변 산들을 오르내리고 있었다.

"제가 좋아서 한 일인걸요."

무색해진 달문이 씨익 웃었다.

"나도 내가 좋아하는 일일세."

막둥이 영감도 싱겁게 웃고는 그만이었다. 그때였다. 달구 총각이 움막 안으로 뛰어 들어왔다. 그 역시 산사람으로 마침 이곳 산들을 타고 다니던 중이었다.

"달문 아저씨!"

"자넨 어쩐 일인가?"

막둥이 영감이 먼저 아는 체를 건넸다. 달구 총각은 인사도 하는 둥 마는 둥 제가 하려는 얘기를 재빨리 쏟아냈다. 얼굴에 웃음기가 가득했다.

"다름이 아니고, 이번에 채취한 산나물을 내다 팔러 경성 읍성에 들렀었거든요. 그런데 관아 사람들 말이 아저씨를 풀어 주라는 명이 내려왔다지 뭐예요. 도성에서 직접 사람을 보냈다 하고요."

"정말인가?"

이번에도 막둥이 영감이 먼저 나섰다.

"정말이고말고요. 곧 이리로 사람을 보낼 거라는데, 조금이라도 빨리 알려 드리고 싶어 제가 먼저 달려온 거예요."

달구 총각이 그제야 참았던 숨을 터뜨리며 바닥에 주저앉았다.

"하긴, 죄 없는 사람을 이리 오래도록 붙잡아 둔 것부터가 잘못이지. 아니 그런가?"

달문을 돌아다보며 막둥이 영감이 고개를 휘휘 내저었다. 달문은 지붕을 향해 턱을 치세운 채 보일락 말락 고개를 주억거렸다.

"하늘이 결코 무심치만은 않네그려."

달문의 심정을 알겠다는 듯 막둥이 영감이 혼잣말을 흘렸다.

달문이 마침내 유배에서 풀려나게 되었다는 소식이 전해지자 산사람들 여럿이 달문의 움막을 찾아왔다. 좁디좁은 움막이었지만 다들 개의치 않았다.

"이런 말 드리긴 뭐하지만 비록 유배 길이긴 해도 아저씨가 이곳으로 오신다는 소식에 얼마나 기뻤는지 모릅니다."

"사실 나도 그랬는걸, 뭐."

"그런데 관아 쪽 사람들이 이리 고약한 산 움막에다 아저씨를 패대기치다시피 가둬 두었다는 걸 알았을 땐 치가 떨려 죽는 줄 알았다니까요."

"자신들 처지만 앞세우는 건 예나 지금이나 하나도 달라진 게 없는 게지. 그러니 이 나이 먹도록 산 밖으로 나갈 마음이 생길 리 없는 거 아닌감."

달구 총각과 막둥이 영감이 마음에 품었던 이야기를 조곤조곤 풀어놓았다.

"험악하기로 소문이 자자한 산중인 것도 그렇고, 폐가나 다름없는 이곳 움막도 그렇고, 난 처음에 이곳에 들렀다가 하마터면 왈칵 눈물을 쏟을 뻔했다니까."

"저도 그랬는걸요."

다른 산사람들도 마찬가지였다.

"유독 눈도 많고 바람도 거친 중에 문짝마저 떨어져 나간 움막 바닥에 쓰러진 채 사경을 헤매고 있던 자넬 발견했던 때가 기억에 생생하구먼. 뭔 놈의 열이 그리도 지독하던지…… 고열에 시달리다 정신마저 잃고 말았을 때는 정말이지 눈앞이 다 캄캄했지 뭔가."

폭설과 한파가 유난했던 지난겨울, 달문이 원인 모를 열병에 걸려 하마터면 목숨을 잃을 뻔했던 기억을 떠올리며 막둥이 영감이 고개를 절레절레 내저었다.

"막둥이 영감이 너무 늦지 않게 발견했으니 망정이지, 달문이 자넬 그대로 저승길로 보내는 줄 알았다니까."

연신 혀를 내두르는 달구 총각네 어머니를 건너다보며, 달문은 새삼 고개를 조아렸다.

"더욱이 마침 남녘으로 향했던 분들이 구해다 주신 약초가 아니었으면 분명 목숨을 잃었지 싶습니다."

"그도 그렇지만, 반드시 살아 돌아가겠다는 자네 의지가 없었더라면 약초인들 무슨 소용이었겠나. 정신을 잃고도 이를 어찌나 악물었던지 입안이 온통 피멍투성이였지."

"그뿐이면! 주먹은 또 왜 그리 앙세게 쥐고 있던지 손가락뼈가 모조리 문드러졌을까 봐 다들 얼마나 가슴을 졸였게."

"그럼요, 그럼요."

그때를 떠올리며 모두들 가슴을 쓸어내렸다.

"헌데 말이지. 이곳이 워낙에 혹독한 환경인 데다 끼니도 잠자리도 열악하기 그지없다 보니 자네 몸 상태가 예전과는 사뭇 다를 것이네. 그러니 이제 한양에 가거든 제빌 몸부터 챙겼으면 하네."

"맞아요. 전국 방방곡곡을 앞마당처럼 누비던 사람을 사지를 꽁꽁 묶어 옴짝달싹도 못하게 만들었으니…… 지금 몸 상태로는 놀이판을 펼치는 것도 쉽지 않을 겁니다."

달문과 아이들의 놀이판을 보았던 때가 기껏해야 몇 해 전이 아닌가. 그런데 그때와는 비교가 안 될 정도로 쇠약해져 버린 달문의 모습이 산사람들의 가슴을 무겁게 만들었다.

"솔직히, 여러분들이 아니었음 이곳 생활을 어찌 견딜 수 있었을까 싶습니다. 진심으로 감사드립니다."

달문인들 자신의 몸이 예전과는 다르다는 걸 어찌 모를까. 달문은 허리까지 구부려 고마움을 표했다.

"우리야말로 자네가 있어 참으로 행복했다네."

"아저씨하고 보낸 시간을 두고두고 잊지 않을 것입니다."

"미처 인사를 드리지 못한 분들께도 꼭 안부 전해 주십시오."

"아마 다들 제 일처럼 기뻐해 줄 것이네."

달문은 기어이 움막까지 찾아와 준 산사람들과 아쉬운 작별 인사를 나누고는 한양으로 향하였다.

서대문 안으로 들기 전 달문은 먼저 천석깽의 무덤에 들렀고, 다방골을 향해 내처 걸음을 서둘렀다. 비록 시간이 많이 흐르긴 했지만 사흘 뒤 놀이판을 벌이겠노라 했던 약속을 이제라도 지키기 위해서였다. 그런데 어쩐 일인지 저잣

거리 어디에도 사람들 모습이 보이지 않았다. 운종가조차도 사람들 모습이라곤 찾아볼 수가 없었다.

대체 다들 어디 간 걸까 의아해 하며 광교천변 길로 접어들었을 때였다.

"……?"

다방골로 통하는 너른 공터가 사람들로 넘쳐나고 있었다. 허리가 잔뜩 굽은 노인부터 젖먹이 어린아이까지, 사대부 양반네부터 땟물 줄줄 흐르는 동냥아치까지, 쓰개치마를 쓴 규수부터 어깨가 떡 벌어진 남정네까지, 남녀노소도 귀천 존비도 따로 없었다. 달문은 그 자리에 우뚝 서고 말았다.

"무슨 일이지?"

어찌 공터뿐일까. 길게 이어진 둑 주변 길에도, 다방골을 가로지른 큰길에도 자리를 차지하고 앉은 사람들로 빼곡했다. 기방 담장과 지붕을 타고 앉은 사람들까지 있었다.

"달문이닷!"

달문을 발견한 누군가 소리쳤다. 그러자 드디어 달문이 나타났다는 둥, 천하의 달문이 설마 약속을 잊었을 리 없지 않냐는 둥, 예서 제서 손나팔을 만들어 소리쳐 댔다. 그래도

혹시나 싶어 어찌나 가슴을 졸였는지 모른다며 안도의 한숨을 내쉬는 이들도 있었다.

"어서 오게나. 말도 안 되는 누명 탓에 사흘을 훌쩍 넘기긴 했지만 유배에서 풀려나는 즉시 이리로 달려와 줄 거라 믿고 다들 기다리고 있었다네."

맨 앞자리를 차지하고 앉았던 상인이 여전히 어리둥절해 있는 달문을 손짓해 불렀다. 조방꾸니 시절부터 알고 지내 온 상인이었다.

"난 아예 가게 문도 걸어 잠그고 왔는걸."

"누군?"

"저도 마찬가지예요."

다른 상인들도 질세라 입을 모았다. 운종가를 비롯한 거리 곳곳이 텅 비어 있던 이유를 비로소 알 것 같았다. 달문은 저도 모르게 코끝이 찡해 왔다.

"에오! 달문이 그리도 보고 싶으셨단 말이지요?"

달문은 일부러라도 엄지손가락을 치세워 찡해진 코끝을 통, 튕겨 보였다. 그러고는 둑 주변 길과 다방골 대로를 휘휘 둘러보았다.

"당연한 거 아니겠어?"

"이날만 손꼽아 기다렸다우."

공터 한쪽에 자리하고 있던 풍물놀이 패들이 장구를 두드리고 꽹과리를 두드려 대며 화답하였다.

"허면 뭘 보여 드려야 좋을 꺼나?"

천천히 호흡을 고르던 달문의 눈에 대로변 담장에 기대 선 개똥이의 모습이 담겼다. 환한 웃음을 웃으며 고개인사를 건네는 모습이 더없이 반가웠다.

"시작해! 시작해!"

"얼른 해! 얼른 해!"

한데 모여 앉은 아이들이 주거니 받거니 박수를 쳐 댔다.

"에오! 어서 시작하시지요?"

"헤에, 달문이 보고 싶다니까요."

달문을 흉내 내는 아이들도 점점이 늘어갔다. 기다렸다는 듯 징 소리와 북소리가 울려 퍼졌다. 장구 소리와 꽹과리 소리, 태평소 소리가 그 뒤를 따랐다. 달문은 심호흡을 하며 온 정신을 집중했다. 그러고는 동작 하나하나에 혼을 담아 재주를 펼쳐 나갔다.

"얼쑤!"

"지화자!"

사람들이 삼삼오오 짝을 이루어 덩실덩실 어깨춤을 추었다. 시간이 가는 줄도 모른 채 흥에 겨워 무릎 장단을 쳐 댔다. 늦가을 추위도 아랑곳하지 않았다.

"역시 달문이로구나!"

"저러니 다들 보고 싶어 안달 아니었나."

"십 년 묵은 체증이 싹 내려간 것 같으이."

"그러니 제아무리 지랄 맞은 세상일지언정 기어이 힘을 내 보자고!"

"아암, 그래야지!"

"얼씨구절씨구, 지화자 좋다!"

시나브로 사람들의 마음속에 위안과 희망의 열매들이 탱글탱글 영글어 갔다.

보름달이 휘영청 밝았다.

달문과 개똥이는 천변 둑길에 나란히 앉았다. 달빛 아래로 드러난 달문의 눈가에 주름이 깊있다. 개똥이가 먼저 운을 뗐다.

"몸이야 말할 것도 없을 테고, 그동안 마음고생이 이만저만이 아니셨지요?"

"그래도 아이들하고 산을 타고 다닐 때 만났던 산사람들 덕분에 잘 견딜 수 있었는걸."

달문은 그동안의 일들을 조곤조곤 들려주었다.

"깽이한테 다녀오겠다던 오라버니가 얼마 지나지도 않아 의금부에 잡혀갔다는 소식이 들리지 뭐예요. 그것도 역모죄라니, 처음엔 누가 장난을 치나 싶어 곧 풀려나겠거니 했는데 몇 날 며칠이 지나도 소식이 없는 거예요. 오라버니에게 아들이 있다던 헛소문은 그렇다 쳐도, 주상께서 직접 국문을 한다는 둥 밤낮없이 고문이 이어진다는 둥 살아남긴 어려울 거라는 둥 장안 곳곳에 흉흉한 소문들만 떠돌았어요."

개똥이의 목소리가 가늘게 떨렸다. 달문도 새어 나오는 한숨을 참지 못했다.

"나야말로 도무지 정신을 차릴 수가 없더라고."

"다방골이며 운종가가 발칵 뒤집혔어요. 오래전부터 오라버니를 보아 온 양반들과 상인들은 항변도 마다하지 않았다나 봐요. 지방 곳곳에서도 마찬가지였다 하고요. 그러더니 덜컥 함경도 경성 땅으로 유배를 보낸다는 포고령이 내려졌다는 거예요. 비록 이번 사건에 연루되진 않았어도 난리의 근본임엔 틀림이 없다나 뭐라나요. 게다가 나이가 많은데도

머리를 땋아 내린 자는 엄벌에 처할 거라니 이건 또 무슨 소린가 싶은 게, 하늘이 무너지는 줄 알았다니까요. 어찌 됐든 유배 길 떠나기 전에 잠깐이라도 뵙고 싶어 아이들하고 몇 번이나 의금부 관헌을 찾아갔지만 우리같이 하찮은 것들은 아예 상대조차 안 해 주더라고요."

지금 생각해도 기가 막힌지 개똥이가 한숨을 길게 내쉬었다.

"나 때문에 다들 고생들이 심했네."

"그래도 먼 길에 인사는 드려야겠기에 서대문으로 나갔다가 오라버니를 보았을 땐 정말이지 그대로 주저앉아 펑펑 울 뻔했지 뭐예요. 그러니 오라버니 심정이야 오죽했을까요."

"다 지난 일인걸. 그리고 어쨌든 지금은 이 자리에 이렇게 있잖아. 그럼 된 거지 뭐."

달문 자신이야말로 도무지 납득할 수 없는 상황들뿐이었다. 그럼에도 이렇듯 사람들과의 약속을 지킬 수 있는 기회가 주어졌음에 감사할 따름이었다. 달문은 별일 아니라는 듯 너른 공터로 시선을 돌렸다.

"축제도 그런 축제가 있을까 싶을 정도로 정말 신명 나는 놀이판이었어요."

개똥이도 달문을 따라 하염없이 공터를 바라보았다. 사람들로 북적였던 공터가 달빛을 이불 삼아 곤히 잠들어 있었다.
얼마쯤 지났을까. 개똥이가 자세를 고쳐 앉았다.
"깽이 무덤엔 다녀오신 거예요?"
"응."
"제 안부도 전해 주었고요?"
"응!"
"깽이 생각만 하면 가슴이 참 많이 아려 오는 게…… 저세상에선 잘 지내고 있겠지요?"
"제 이름처럼 한 끼도 굶는 일없이 지내길 바랄 밖에."
"제발 그래야 할 텐데……"
"깽이 녀석, 왕초의 명령을 감히 거스르진 않을 거네."
개똥이도, 달문도 쓸쓸한 웃음을 흘렸다.
"다음에 갈 땐 저도 데려가 주세요. 따뜻한 밥이라도 지어 가고 싶어요. 해 주고 싶은 얘기도 많고요."
개똥이는 천서깽의 입속에 밥알을 넣어 주려 안간힘을 쓰던 달문의 모습이 기억에 생생했다. 달문이 고개를 크게 끄덕여 보였다.
"깽이도 많이 좋아할 거야."

"동이와 아이들도 함께 가요."

"그러고 보니 동이와 아이들이 안 보이던데. 북한산 산자락에 짓는다던 집이 다 지어진 모양이네?"

"네. 동이와 아이들까지 힘을 합쳐 준 덕분에 올봄에 다 지을 수 있었어요."

"정말 잘되었네."

"그뿐인 줄 아세요?"

집 이야기가 나오자 개똥이의 표정이 대번에 밝아졌다.

"그동안에도 소문을 듣고 찾아오는 아이들이 얼마나 많았는지 몰라요. 그러자 동이와 아이들이 나서서 춤과 재주를 가르쳐 주겠다지 뭐예요. 다들 얼마나 좋아라 하는지 몰라요. 의욕들도 대단하고요. 그런데다 갓바치와 대장간, 목수 일을 배운 아이들도 제가 익힌 기술을 다른 아이들에게 가르쳐 주기로 했어요. 아직은 제 일도 다녀야 하니 매일은 어렵더라도 따로 시간을 정해 가르쳐 주고 있어요. 공방도 따로 마련했고요. 그리고 무엇보다도 다행인 건 묵정밭 개간도 마무리되어 곡식이며 채소도 직접 키울 수 있게 되었어요. 풍족하진 않아도 이제 아이들 끼니 걱정은 안 해도 될 거 같아요."

"마침내 자네의 꿈이 실현된 거렷다?"

"아직은…… 그래도 지금처럼 한 걸음 한 걸음 최선을 다하다 보면 머잖아 그런 날이 와 줄 거라 믿어요. 자립에 대한 아이들 의욕도 굉장하고요."

개똥이가 잠시 숨을 골랐다. 그 모습을 보며 달문은 아이들과 더불어 산자락에 기대어 살아갈 자신의 모습을 상상해 보았다.

"나도 그곳에서 지내면 안 될까나?"

"정말요?"

개똥이의 눈이 휘둥그레졌다.

"앞으론 좀 더 많은 아이들에게 춤과 재주를 가르쳐 주며 살아 볼 생각이거든."

"그럼야 더 바랄 게 무얼까요. 그렇지만 달문이 보고 싶은 사람들은요?"

"삶에 지친 사람들에게 달문이 어찌 나 하나뿐일까. 동이가 달문이고 서이가 달문이고 남이가, 총총이가 달문인 것을. 다른 아이들도 마찬가지일 테고."

"그렇겠죠?"

달문이 무슨 얘길 하는지 개똥이도 알 것 같았다.

"대신 공짜로 얻어먹을 생각일랑 아예 마세요."

"에오, 당연하지!"

달문은 재능을 전수하는 일이 자신에게 주어진 마지막 역할일 거라 굳게 믿었다.

또 하나, 기회가 될 때마다 아무도 모르게 구멍집을 찾아다니며 정성을 담아 지은 밥과 반찬을 놓아 둘 생각이었다. 누군가 두고 간 밥과 반찬을 나눠 먹으며 아이들 모두가 누군가 자신의 곁에 있다는, 그러니 자신이 온전히 버려진 것은 아니라고 믿으며 앞날을 개척해 가길 바라는 마음이었다. 오래전부터 꿈꿔 온 일이어서일까. 맛있게 먹으며 환하게 웃을 아이들 모습을 떠올리노라면 달문은 벌써부터 가슴이 뭉클해지는 느낌이었다.

"좋아라! 아이들도 다들 기다리고 있을 거예요."

개똥이가 두 손을 모아 쥐며 밤하늘을 우러렀다. 세상 부러울 게 없다는 표정이었다.

"그럼! 그럼!"

휘영청 밝은 달도 달문과 개똥이의 머리 위를 비추며 환하게 웃었다.

여기도 달문, 저기도 달문이로세

매미 소리가 기승을 부리는 한여름이었다.

다방골을 나선 보부상들은 약속이나 한 듯 공터로 고개를 돌렸다. 평소 놀이판을 벌이거나 특별장이 열리곤 하는 너른 공터가 오늘은 휑하니 비어 있었다.

보부상의 우두머리인 접장이 운을 뗐다.

"달문이 저기서 놀이판을 벌였던 게 언제였는지 기억조차 가물거리네."

"기방에서 특별히 부탁받은 공예품을 전하러 도성에 들렀을 때였으니 그게 아마두…… 칠팔 년은 지나지 않았나 싶습니다."

"에이, 내 기억으론 십 년은 됐지 싶은데?"

"그런가?"

"어찌 됐든 그런데도 요즘도 한 장면 한 장면이 눈에 선하구먼. 그처럼 신명 나는 놀이판은 다신 볼 수 없을 것 같으이."

"그러게요. 워낙에 장사도 안 되는데다 먼 길을 오느라 지칠 대로 지쳤던 터에 달문일 볼 수 있어 얼마나 뿌듯했게요. 행운도 이런 행운이 어딨겠냐며 다들 어깨춤을 춰 대지 않았습니까."

어느덧 중년이 된 보부상들이 아는 체를 했다.

"그즈음이면 저야 워낙에 어렸던 데다 보부상도 아니었으니 달문일 직접 본 적은 없지 뭡니까. 그런데도 동네 어른들께 애길 많이 들어서 그런지 직접 본 것 같을 때가 아주 많은 거 있지요."

"저도요."

"저도 그렇더라고요? 그런데 그 놀이판 이후로 달문일 본 사람이 없다면서요?"

나이 어린 보부상들도 한마디씩 보탰다.

"아마, 그렇다지? 도성뿐이 아니라 방방곡곡 어디에서도 그이 재주를 보았단 사람은 없다더라고."

"서대문 밖으로 나가는 걸 목격한 사람이 여럿이었던가

보던데요?"

"귀양에서 풀려나고 얼마 후엔가 아예 왜나라 쪽으로 건너갔단 소문도 있었잖아."

"제가 들은 소문은 좀 다른 건데요. 옛날에 의주 통군정에 올랐다 청나라 사신들한테 북경으로 함께 가자는 요청을 받았었나 보더라고요. 달문이 거절을 했고요. 그런데 그때 거절당했던 게 못내 아쉬웠던지 청나라 사신들이 다시 찾아와 직접 모셔 갔다는 얘기도 있었는걸요."

그뿐이 아니었다. 오래전부터 알고 지내던 부엌 어멈하고 도성 밖에다 아예 살림을 차렸더란 소문이 있는가 하면 수십 명이 넘는 거지들을 보살피며 산다는 소문도 있었다. 북한산 기슭에 암자를 짓고 사는 걸 직접 본 사람이 여럿이라느니, 사실은 산사람들하고 어울려 백두산 곳곳을 누비고 다닌다느니 하는 소문들도 오래도록 사람들의 입을 오르내렸다.

"그린데요, 오래전부터 서시들이 모여 사는 곳에 밥하고 반찬이 놓여 있다는 소문 혹시 들으셨어요? 워낙에 소리 소문 없이 두고 가는 통에 누군지 알 길이 없다는데, 사람들 말이 분명 달문일 거라고 입을 모으더라고요."

"맞다! 옛날 왕초 시절에 행했던 의로운 행적을 보더라도 달문이 말고 그럴 사람이 또 있을라고."

"나도 그 소문 들으면서 달문이겠구나 싶어 나도 모르게 무릎을 쳤던 기억이 나는구먼."

"저도요!"

"아무튼 세월이 얼만데 아직도 이런저런 소문이 끊이질 않는 걸 보면 광대 달문이만큼 한 시대를 풍미한 이가 또 있을까 싶구먼."

어느새 접장을 비롯한 모두는 공터에서 시선을 거두지 못한 채 달문의 묘연한 행적을 두고 설왕설래하였다.

보부상들이 다시 걸음을 서둘 때였다.

"와아, 저어기 사람들 좀 보세요."

저만치 앞서 걷던 나이 어린 보부상이 접장을 향해 손을 내저었다.

"서놈 좀 보게. 날도 더운데 어째 저리 팔랑거린데?"

접장은 쪽지게를 고쳐 메며 운종가 어귀를 차지한 광장으로 턱을 치세웠다. 한 무리의 사람들이 빙 둘러서 어깨를 들썩대고 있었다. 간간이 들리는 북소리와 장구 소리, 꽹과리 소리가 흥겨웠다.

"놀이판이 벌어진 모양입니다."

중년의 보부상들도 하나둘 고개를 빼들었다.

"접장 어르신, 우리도 저것 좀 구경해요. 네? 네?"

나이 어린 보부상들이 이구동성으로 외쳐 댔다.

"그러자꾸나."

"와아, 재밌겠다!"

접장의 말이 끝나기도 전에 나이 어린 보부상들이 앞다퉈 광장으로 뛰어갔다. 지게 작대기를 휘휘 돌리며 뛰는 모습들이 마냥 신 나 보였다.

"녀석들하고는."

접장이 싱겁게 웃었다.

"가만? 탈 모양새를 보니 철괴무라도 추는가 봅니다."

"오호, 그리 재밌는 탈춤을 안 볼 순 없으렷다?"

"우리도 가까이 가 보자고."

"당연하지!"

"기왕이면 곱추춤도 보고 싶구먼. 팔풍무까지 볼 수 있음 금상첨화일 테고."

"하하하, 그러다 장사는 언제하려고?"

중년의 보부상들도 접장과 어깨를 맞추며 광장으로 걸음을 내디뎠다.
　"요즘 부쩍 놀이꾼들 수가 많아진 게 확실하지? 이곳 도성만이 아니라 전국 곳곳에서 이런저런 놀이판을 벌이는 일도 잦아졌고 말이야."
　언제부터였을까. 전국 방방곡곡을 다니다 보면 놀이판이 벌어진 마을을 심심찮게 볼 수 있었다. 두메를 지나다 놀이패들과 마주친 경우도 여러 번이었다.
　"듣기로 한바탕 놀이판을 벌이고 받는 삯이라고 해 봤자 하루 한 끼 챙기기도 턱없이 모자란다지 않은가. 그런데도 방방곡곡 가리는 데 없이 찾아다니며 놀이판을 벌이는 거 보면 정말 대단하다 싶다니까. 재주야말로 자신의 천직이라는 자부심 없이는 단 하루도 버티기 힘들지 않을까 싶으이."
　"맞아요. 하늘을 이불 삼아 토막잠을 자고 논두렁이고 밭두렁이고 아무 데서나 끼니를 때우고, 밤이슬 맞아 가며 천 리 길을 누벼야 하는 것도 우리네와 다를 게 없지 않겠습니까? 그런데도 저리들 신명을 내는 거 보면 정말이지 존경스럽기까지 하다니까요."
　"그 덕분에 우리처럼 없이 사는 이들이 조금이라도 더 웃

을 수 있게 되었으니 참으로 고마운 일이지. 왠지 세상 사는 맛도 나는 것 같고."

"제 고향이 워낙에 두메산골이다 보니 놀이판이라곤 평생에 한 번 볼까 말까 했었거든요. 그런데 지난 설에 고향에 갔더니만 이젠 놀이판을 원 없이 볼 수 있게 되었다면서 마을 어르신들이 얼마나 흐뭇해 하시던지요. 올 농사는 분명 풍년일 거라나요? 이 모두가 광대들 덕분이 아니고 무엇이겠습니까."

"멀리 떨어진 섬에서도 놀이패들 구경이 쉬워졌다잖아요."

"그런 거 보면 여기도 달문, 저기도 달문이로세."

"그렇죠!"

접장도, 중년의 보부상들도 오늘 하루쯤 장사를 미룬대도 괜찮다고 생각하며 놀이판으로 바짝 다가갔다. 때맞춰 힘찬 북소리가 하늘 높이 울려 퍼졌다.

"얼쑤!"

"지화자!"

구경꾼들의 추임새 소리도 따라 날아올랐다.

작가의 말

　우리 친구들은 '달문'이라는 이름을 들어 본 적 있는지요. 많이 낯선 이름이지요?
　조선 후기에 살았던 달문은 천하디천한 거지 출신으로 의리와 신용의 상징이었던 인물이랍니다.
　달문을 직접 본 연암 박지원은 그가 정말 못생겼다며 입이 어찌나 큰지 두 주먹이 들락날락하더라고 말했답니다. 그를 기억하는 사람들도 극히 추악한 외모를 가장 먼저 떠올렸다 하고요. 그런데도 광대로 발돋움하면서 대중적인 인기를 한몸에 받았다 합니다. 조선 시대의 아이돌이라고 할까요.

오죽하면 역모 사건의 주동자로 몰렸을 뿐 아니라 모든 것이 모함이었음이 밝혀졌는데도 영조는 유배령과 함께 '달문이라는 자는 무뢰한으로서 머리가 반백인데도 총각의 모습으로 꾸며 인심을 현혹하고 풍속을 어지럽혔다'며, 나이가 많은 데도 머리를 땋아 내린 자는 적발되는 대로 무겁게 다스리라는 포고령을 내렸을까요.

연암 박지원은 달문의 의로운 행실을 많은 이들에게 알려 주고자 그를 주인공으로 한 『광문자전』을 지었습니다. 중인 출신의 시인인 조수삼이 지은 『추재기이』에도 달문에 관한 이야기가 담겨져 있습니다. 역관이자 시인인 홍신유는 달문의 독특한 삶을 「달문가」라는 장편 시에 담아내었고요.

달문의 걸음걸음을 따라 밟노라면 거지들이나 광대 패, 보부상 같은 하층민들의 삶에도 관심을 가질 수 있지 않을까요. 산대놀이와 남사당패놀이 등 당시 인기리에 공연되었던 연희를 구경해 보고 싶다는 마음도 커질 테고요.

멍멍이면서 아기돼지라 불리는 줄리에게 제일 먼저 이 책을 읽어 줄 겁니다. 글이 잘 풀리지 않을 때면 온갖 애교를 부려 가며 힘을 북돋워 준 보답이랄까요. '사랑해!'라는 말도 함께요.

  문지현 편집장님과의 가림 없는 소통이 있었기에 달문을 세상에 내놓을 수 있었습니다. 진심으로 고맙습니다.

2015년 여우섬에서
김영주